Daniela Christine Huber

Welcher Baum bin ich?

Daniela Christine Huber

Welcher Baum bin ich?

Das keltische Horoskop der Lebensbäume

Bücher haben feste Preise.
Überarbeitete und erweiterte 3. Auflage 2022

Daniela Christine Huber
Welcher Baum bin ich?

Titelseite:
Dragon Design, GB
Foto: R-Tvist/shutterstock.com

Satz und Gestaltung:
Dragon Design, GB
Gesetzt aus der Avant Garde

Gesamtherstellung:
Appel & Klinger, Schneckenlohe

Printed in Germany

ISBN 978-3-89060-752-8

IRIS ist ein Imprint bei Neue Erde.

Neue Erde GmbH
Cecilienstr. 29 · 66111 Saarbrücken · Deutschland · Planet Erde
www.neue-erde.de

Gewidmet...

...der Quelle allen Lebens im Universum und in uns.

...und dem Erkennen, dass der Wahrheiten und Wege viele sind, die Sprache unseres Herzens aber universell ist, von jedem Wesen verstanden wird und alles miteinander verbindet.

Inhalt

Übersicht über die Lebensbäume im Jahreskreis

Die Eiche	**21. März, Frühlings-Tagundnachtgleiche**
Der Haselbaum	22. – 31. März
Die Eberesche	1. – 10. April
Der Ahorn	11. – 20. April
Der Walnussbaum	21. – 30. April
Die Eibe	1. – 14. Mai
Die Kastanie	15. – 24. Mai
Die Esche	25. Mai – 3. Juni
Die Hainbuche	4. – 13. Juni
Der Feigenbaum	14. – 23. Juni
Die Birke	**24. Juni, Johanni** (Fest der Sommersonnenwende)
Der Apfelbaum	25. Juni – 4. Juli
Die Tanne	5. – 14. Juli
Die Ulme	15. – 25. Juli
Die Zypresse	26. Juli – 4. August
Die Pappel	5. – 13. August
Die Zeder	14. – 23. August
Die Kiefer	24. August – 2. September
Die Weide	3. – 12. September
Die Linde	13. – 22. September

Der Olivenbaum	**23. September, Herbst-Tagundnachtgleiche**
Der Haselbaum	24. September – 3. Oktober
Die Eberesche	4. – 13. Oktober
Der Ahorn	14. – 23. Oktober
Der Walnussbaum	24. Oktober – 2. November
Die Eibe	3. – 11. November
Die Kastanie	12. – 21. November
Die Esche	22. November – 1. Dezember
Die Hainbuche	2. – 11. Dezember
Der Feigenbaum	12. – 21. Dezember
Die Buche	**22. Dezember, Wintersonnenwende** (astronomisch meist schon am 21. Dez.)
Der Apfelbaum	23. Dezember – 1. Januar
Die Tanne	2. – 11. Januar
Die Ulme	12. – 24. Januar
Die Zypresse	25. Januar – 3. Februar
Die Pappel	4.- 8. Februar
Die Zeder	9. – 18. Februar
Die Kiefer	19. – 29. Februar
Die Weide	1. - 10. März
Die Linde	11. – 20. März

Der keltische Baumkreis – Ein Mythos erwacht

Nun sind wir endlich angekommen im Wassermannzeitalter; einer Zeit, von der man schon lange prophezeite, dass sie viele Veränderungen mit sich bringen wird – angefangen beim Wandel festgewachsener Strukturen in unseren Beziehungen und unseren Familien bis hin zu unseren Gesellschaftsbildern. Aber vor allem und deutlich spürbar ist dieser Wandel in uns selbst.

Auch der keltische Baumkreis keimte in dieser Zeit auf und wuchs über seinen eigenen Mythos hinaus. Doch in unseren Köpfen kreisen immer noch die alten Fragen von Fakt oder Fiktion, Wahrheit oder Mythos. Ist er eine bloße Erfindung der Neuzeit, welche lediglich unserer Unterhaltung dient, oder wohnt ihm die Weisheit unserer Ahnen inne? Eine Weisheit, welche uns zurück zu unseren Wurzeln, zu tiefster Naturverbundenheit und innerem Gleichgewicht führt.

Um das herauszufinden, begeben wir uns nun gemeinsam auf eine Reise. Sogleich finden wir uns inmitten der Natur auf einer Waldlichtung wieder, umgeben von den sanften und weisen Riesen, den *Bäumen*. Gleich hinter uns wurzelt eine uralte Eiche und ragt in den weiten, tief blauen Himmel empor.

Lehnen Sie Ihren Rücken entspannt an ihren mächtigen Stamm und atmen Sie dabei ganz tief ein. In Ihre Nase steigt langsam der frische Duft von Erde, Laub und Rinde empor. Atmen Sie wieder aus und lassen Sie Ihren Köper ganz sacht auf den mit weichem Moos gepolsterten Wurzeln niedergleiten. Ihr Blick richtet sich langsam nach oben, um dem Spiel von Licht und Schatten in den zartgrünen Blättern nachzusinnen und dem Rauschen der Blätter zu lauschen. Pure Achtsamkeit und Stille erfüllt sogleich Ihr Herz und flutet jede Ihrer Zellen mit Vertrauen.

Die Antworten auf alle Ihre Fragen sind bereits da, wenn Sie bereit sind, sich der Fülle Ihres Herzens anzuvertrauen und mit allen Ihren Sinnen darin einzutauchen. Denn die Bäume sprechen zu uns in der Sprache unseres Herzens. Wer bereit ist, sich darauf einzustimmen, dem werden die Antworten offenbart.

Wir können die Antworten auf die wirklich wichtigen Fragen unseres Lebens weder mit unserem Verstand finden noch begreifen. So lernen wir allmählich wieder, der Stimme und Stille unseres Herzens zu vertrauen, ihr nachzugeben und zu folgen.

Jeder Baum folgt ganz natürlich, ohne zu zweifeln, seiner Bestimmung: zu wachsen. Er gräbt seine Wurzeln tief in die Erde und streckt seine Äste der Sonne entgegen. Gleichzeitig bereitet er so auch den Nährboden für unzählige andere Lebewesen.

Der Stimme des Herzens folgend, gelang es einigen von uns, den Nährboden für die in uns schlummernden Weisheiten zu bereiten; universelle Weisheiten, welche uns mit Mutter Natur rückverbinden und uns ein erfülltes Leben im inneren Einklang ermöglichen. Aus tiefstem Herzen gilt mein Dank daher dem berühmten britischen Schriftsteller und Dichter Robert Graves* und der bekannten französischen Journalisten Paula Delsol**. Sie waren die ersten, welche mutig und vertrauensvoll die Antworten auf ihre Fragen vom Herzen heraus niederschrieben, um diese mit anderen Menschen in ihren Büchern und Artikeln zu teilen. So wurden ihre in Worten gekleideten Erfahrungen wiederum zur Inspiration für andere, ebenfalls der Stimme in ihrem Innersten zu lauschen, zu vertrauen und auf ihrem Lebensweg zu folgen. Dem Einfühlungs- und Ausdrucksvermögen dieser beiden Persönlichkeiten

---

* In seinem 1947 erschienenen Buch »The White Goddess« (»Die weiße Göttin«) ordnete Robert von Ranke-Graves den keltischen Ogham-Zeichen (altirische Schriftzeichen in Stein oder Bronzeblech graviert aus dem 4. - 6. Jahrhundert) verschiedene irische Baumarten zu. Das war die Entstehung des ersten Baumkalenders.

** Paula Delsol hat in den 1970er Jahren das Wesen der Bäume nachempfunden und in die hier verwendete Kalenderform gebracht.

verdanken wir die Anfänge des keltischen Baumkreises oder -horoskops, wie wir sie heute kennen.

In unserem Leben ist eines ganz gewiss, nämlich der beständige und nicht aufzuhaltende Wandel und die damit verbundenen Veränderungen. Auch der keltische Baumkreis ist nichts Statisches, sondern gleicht einem sich fortwährend drehenden Rad der Wandlung, dessen schöpferischer Kraft keine Grenzen gesetzt sind. Geben wir dieser Schöpferkraft Raum, so wird sie sich in unserem Leben ausdehnen und wirken. Verbinden wir uns – wie die Bäume – mit dem, was uns stärkt: so, wie sich ihre Wurzeln tief in die Erde senken, um dort Halt, Wasser und Nährstoffe zu finden, und ihre Äste sich nach oben strecken, um dem Licht der Sonne, das sie wärmt und mit Energie versorgt, entgegenzustreben. Nutzen wir den Baumkreis und die darin zirkulierende Kraft der Bäume und werden so wieder Teil des unendlichen Kreislaufs der Natur, Teil der Schöpfung selbst.

Bis ich für mich selbst diese Quelle der Kraft entdeckte, glich mein Lebensweg einer ewigen Suche. Ich suchte nach einem Sinn im Leben und darunter versteckt nach der Erfüllung meiner Bedürfnisse, nach Halt, Geborgenheit und Liebe. Nach außen hin schien ich das perfekte Leben zu haben: eine liebevolle Familie, Freunde, die mich verstanden, und finanzielle Sicherheit. Und jedes Mal wenn ich mir selbst gegenüber ehrlich war und mir das Gefühl der Unzufriedenheit und mangelnder Freude in meinem Leben eingestand, quälte mich auch schon wieder mein schlechtes Gewissen, mehr vom Leben zu erwarten, als ich ja ohnehin schon hatte – vor allem im Vergleich mit anderen Menschen, welche es wirklich schlimm getroffen hatte und die täglich ums Überleben kämpfen mussten, während es mir so offensichtlich gut ging. Dafür schämte ich mich: alles zu haben und doch nicht erfüllt und glücklich sein zu können. »Was bildest du dir überhaupt ein«, sagte da so eine Stimme in mir, »so viel zu wünschen und vom Leben zu erwarten! Du glaubst doch nicht wirklich, dass du etwas Besonderes bist? Hast du die Hoffnung auf ein leichtes und erfülltes Leben immer noch nicht aufgegeben?! Du glaubst doch nicht wirklich, dass du dir das verdient hast!?« Innerlich leer, verlassen und verloren im Universum, fühlte ich mich fehl am Platz. Diese Leere in meinem Inneren selbst zu stillen und aufzufüllen, überforderte mich und schien mir unmöglich zu sein. Ich suchte nach einer Lösung, nach neuen Wegen. Dann ganz still und leise geschah etwas: Das Leben öffnete mich für die Begegnung mit dem Wesen und der Kraft der Bäume, und sie schenkten mir bedingungslos Liebe, Geborgenheit und Sicherheit, also alles das, was mir fehlte.

Die Bäume stehen immer auf Empfang und sind, bildlich gesprochen, gigantische Antennen oder WLAN-Verbindungen zur Schöpfung. Öffnen wir unser Herz und stimmen wir uns auf sie ein, sind wir ganz von selbst an die Quelle angebunden, ohne auch nur das Geringste dafür tun zu müssen.

Inmitten der Natur fand ich wieder einen Zugang zu unseren tief vergrabenen und im Verborgenen schlummernden Wurzeln: ein Netzwerk, das uns alle miteinander verbindet. Wenn wir bereit sind, der Stimme in unserem Herzen zu lauschen, fällt es uns plötzlich ganz leicht, die Antworten auf alle unsere Fragen zu erspüren. Angelangt an jenem Punkt, wo alles begann, dem Ursprung in uns, endet gleichermaßen auch jegliche Suche. Der Sinn des Lebens erfüllt sich schließlich in jedem Augenblick, und ein tiefer innerer Friede breitet sich aus.

Mir ist es wichtig, Klarheit zu schaffen und die Widersprüchlichkeiten, welche unseren Verstand nur allzu gerne verdunkeln, aufzuhellen. Also versuche ich, die Kraft der Bäume durch meine Erfahrungen für andere Menschen ebenfalls spürbar und nachempfindbar zu machen, um sie tief in ihrem Herzen zu berühren. Ich schrieb dieses Buch, um Sie an meinen Erfahrungen teilhaben zu lassen, um Ihnen so auf Ihrem Lebensweg zu dienen. Werden nun auch Sie sich Ihrer schöpferischen Kraft wieder bewusst, um sie hinaus in die Welt zu bringen und sie offenen Herzens mit anderen zu teilen.

Was vor uns liegt und was hinter uns liegt, sind Kleinigkeiten im Vergleich zu dem, was in uns liegt.

Und wenn wir das, was in uns liegt, nach außen in die Welt tragen, geschehen Wunder.

Henry David Thoreau

Die Bäume – Mittler zwischen Himmel und Erde

Von Menschen und Bäumen

Die Bäume dienten und dienen den Menschen in unzähligen Formen, sei es als Sauerstofflieferant, Baumaterial, Nahrungsquelle und vieles mehr. Ja sogar dieses Buch, welches sie gerade in den Händen halten, gäbe es nicht ohne die Bäume.

Im Laufe der Zeit ist der natürliche Kreislauf von Geben und Nehmen aus dem Gleichgewicht geraten, denn der Verstand des Menschen hat sich über die Natur gestellt und sie ausgebeutet, ohne ihr im gleichen Maße wieder zurückzugeben und so Ausgleich zu schaffen. Dies bringt der persische Dichter und Philosoph Khalil Gibran in folgendem Gedicht sehr treffend zum Ausdruck:

Ihr sagt oft: »Ich würde geben, aber nur dem, der es verdient.«
Die Bäume in eurem Obstgarten reden nicht so
und auch nicht die Herden auf euren Weiden.
Sie geben, damit sie leben dürfen,
denn zurückhalten heißt, zugrundegehen.

Khalil Gibran, *Der Prophet*

Doch die Beziehung zwischen Menschen und Bäumen war nicht immer so einseitig wie in der heutigen Zeit, in der wir den Bezug und die enge Verbindung zur Natur und all ihren Lebewesen schon nahezu verloren haben. Begeben wir uns auf eine Reise zurück zu unseren Wurzeln, unseren keltischen Vorfahren, so entdecken wir ein Band zwischen Menschen und Bäumen, welches noch verwobener und wechselseitiger ist, als wir vielleicht geahnt hätten.

Diese Geschichte von Menschen und Bäumen begann vor Tausenden von Jahren. Eine Gruppe von Menschen, die Kelten, auch als Gallier bekannt, machte sich auf den Weg. Woher sie kamen und was sie in die Ferne zog, darüber ranken sich bis heute viele Mythen. Dieses Volk schaffte es, sich fast über das gesamte heutige Europa auszubreiten. Sie lebten im Einklang mit der Natur und konnten sich daher überall zu Hause fühlen. Der Ruf ihres Mutes und ihrer Kraft eilte ihnen schon weit voraus. Auf ihrer Reise trafen sie auf andere Völker, denen sie mit Offenheit, Toleranz und Neugierde begegneten. Sie tauschten sich mit ihnen aus, lernten von einander und vermischten sich. Einige gründeten Familien und wurden sesshaft. Anderen zogen weiter, einige in Richtung Nordosten und manche Richtung Südwesten. Auf allen ihren Wegen begegneten sie wieder anderen Kulturen.

Zeit, so wie wir sie verstehen, spielte für sie keine Rolle, denn sie sahen das Leben nicht als lineare Abfolge von Ereignissen an, sondern vielmehr als einen sich ständig erneuernden und wiederkehrenden Zyklus. Etwas in schriftlicher Form dogmatisch festzuhalten, wäre in ihrem Verständnis etwas Zeitgebundenes gewesen, was uns an die Vergangenheit kettet, anstatt uns für die Veränderung des Lebens offen und empfänglich zu halten. So setzte sich der Kreislauf fort und begann immer wieder von neuem. Und ganz gleich, wie weit sie sich von einander entfernten und wie unterschiedlich sie auch schienen, sie waren miteinander verbunden durch ihre Wurzeln, die Verbindung mit Mutter Erde. Sie schenkte ihnen Geborgenheit und verlieh ihnen ein tiefes Vertrauen ins Leben selbst, aus welchem sie immer wieder neuen Mut und Kraft für ihren Weg schöpften. Und auf ihrer Reise durch die Jahrtausende hinterließen sie immer wieder kleine Spuren für uns. So feiern wir heute wie damals den Beginn einer neuen Jahreszeit mit einem Fest, bei dem die Grenzen der materiellen und spirituellen Welt miteinander verschmelzen. Den Spuren dieser Naturverbundenheit mit unserem Herzen zu folgen führt uns zur Quelle, den Wurzeln in uns.

Der Baum als Archetyp

Betrachte jeden Baum und merke, auf jedem Baum ist jedes Blatt ein Blatt von einem Buch, darin der Herr der Stärke die Schöpfung aufgezeichnet hat.

Saadî, persischer Dichter

Ein Leben im Einklang mit den Gesetzen der Natur, des Universums und unseren wahren Wesenszügen ermöglicht uns, unserem Lebensweg zu folgen und die damit verbundenen Herausforderungen leichter zu meistern. Der keltische Glaube war unmittelbar in das Naturgeschehen eingebunden und so gleichzeitig in die höhere Ordnung eingebettet. Diese selbstverständliche und einfache Art und Weise der Naturverbundenheit ist uns Menschen im Laufe der Zeit mehr und mehr abhanden gekommen.

Bäume sind Gedichte, die die Erde in den Himmel schreibt.

Khalil Gibran, *Sämtliche Werke*

Betrachten wir einen großen, alten Baum aus der Ferne, wie er so anmutig und mächtig dasteht, seine Wurzeln, für uns nicht sichtbar, tief hineingräbt in die Erde und seine weit ausladenden Äste dem Himmel entgegengestreckt, so überkommt uns ein Gefühl tiefen Vertrauens und Geborgenheit. Es ist das Gefühl, eingebettet zu sein zwischen Himmel und Erde. Ein solches Bild, sei es auch nur in unserer Vorstellung, auf einem Foto oder einem gemalten Bild an der Wand sieht nicht nur schön aus, sondern aktiviert sogleich, ob wir uns dessen bewusst sind oder nicht, ungeahnte Überlebens- und Selbstheilungskräfte in uns.

Ob den keltischen Druiden* die heilsame Wirkung der Bäume vor 5000 Jahren schon bewusst war oder nicht spielt keine Rolle. Das Entscheidende war, dass sie die Kraft der Bäume zu ihrem eigenen Wohle nutzten.

Der erste, der diese kraftvolle Wirkung der Bäume auf die Menschen zu Beginn des 20. Jahrhunderts auch wissenschaftlich belegte, war C. G. Jung**. Dieser stellte fest, dass der Baum ein unbewusst wirkender Archetyp, also ein Urbild des Menschen ist. Auf der ganzen Welt ranken sich unzählige Mythen der unterschiedlichsten Kulturen um einen Welten- oder Lebensbaum, ob Yggdrasil bei den Germanen, der Yaxchebaum der Maya, der Bodhibaum des Buddhismus und nicht zuletzt der Baum der Erkenntnis und der Baum des Lebens im Christentum, wie sie in der Bibel beschrieben werden.

Der Archetyp Baum wurde über die Jahrtausende weiterentwickelt und weitervererbt, und seine Wirkung beeinflusst, prägt und strukturiert, damals wie heute, das menschliche Bewusstsein. Nutzen wir bewusst diese Erkenntnis in unserem täglichen Leben, so bietet sich uns die Möglichkeit, uns auf sanfte Weise selbst zu stärken und zu heilen.

Die Bäume lehren uns, die uns allen innewohnende Kraft in jedem Augenblick zu leben. Diese Kraft ist unabhängig von äußeren Umständen. Fest verwurzelt im Jetzt streckt sich der Baum dem Licht entgegen.

---

*Die Druiden waren die Gelehrten und Heiler des keltischen Volkes, ähnlich den Schamanen bei den Indianern.

**Carl Gustav Jung war ein bekannter Schweizer Psychiater und Begründer der analytischen Psychologie.

Mit dem Wind tanzend, lehrt er uns Anpassungsfähigkeit und dabei unserem Wesen treu zu sein. Von den Stürmen des Lebens herausgefordert, gibt er sich ihnen hin, anstatt zu zerbrechen.

Die Balance der Gegensätze

...wenn man die Wurzeln seines Lebens so deutlich erkennen kann wie die Blätter hoch oben in einem Baumwipfel.«

Sergio Bambaren, *Die beste Zeit ist jetzt*

Wir leben in einer Welt der Gegensätze. Wir empfinden etwas als leicht oder schwer, schnell oder langsam, richtig oder falsch. Die Polarität ist Teil unserer Welt und zugleich Teil unserer individuellen und subjektiven Wahrnehmung und Betrachtungsweise.

Diese Tatsache allein würde uns im Umgang mit unseren alltäglichen Erfahrungen und den Herausforderungen unseres Lebens keine Probleme bereiten. Herausforderungen werden erst dann zu Problemen, wenn wir sie dazu machen, indem wir Gegensätze zu werten beginnen. Jede Situation, die von uns als Problem empfunden wird, entspringt einer uns häufig unbewussten Wertung. Werten wir eine Situation als gut, ruft dies angenehme Gefühle in uns hervor. Werten wir sie als schlecht, löst dies unangenehme Gefühle in uns aus.

Wo kommen unsere Wertung und die damit verbundenen Wertvorstellungen her? Wovon hängt es ab, ob wir etwas als gut oder schlecht bewerten?

Der Ursprung unserer Wertungen liegt in unseren Bedürfnissen. Wir alle kennen unsere Grundbedürfnisse wie Atmen, Trinken, Schlafen, Essen. Diese sichern unser körperliches Überleben. Unser emotionales Erleben wird hingegen von unseren persönlichen Bedürfnissen bestimmt. Meist sind uns unsere persönlichen Bedürfnisse nicht bewusst. Wir übernehmen sehr häufig die Bedürfnisse, welche uns von der Außenwelt suggeriert werden. Erst wenn wir wieder Zugang zu unseren echten persönlichen Bedürfnissen haben, erkennen wir unsere eigene, authentische Wertung.

Herauszufinden, was uns persönlich guttut und was nicht, ist der Schlüssel zu dem in uns schlummernden Potential. Leben wir unser Potential und teilen es mit der Welt, empfinden wir unser Leben nicht mehr als Last oder Bürde, sondern erfahren wir die Freude und Fülle, mit der es uns beschenken will. Wir müssen aber auch bereit sein, die Geschenke des Lebens anzunehmen wie sie sind, in welcher Verpackung auch immer sie sich uns zeigen. Lassen wir endlich ab von jeglicher Wertung, verbinden wir ihre Gegensätze in uns und kehren wir zurück in unsere Mitte, ins Gleichgewicht. In diesem wertfreien Raum wird Harmonie geboren. Befinden wir uns in diesem Raum, sind wir durch die schöpferische Quelle in uns in Kontakt mit unseren persönlichen Bedürfnissen. Verwurzelt in unserer Mitte stehend, ist es uns möglich, die Gegensätze völlig neutral und wertfrei zu betrachten. Die Wertung der Gegensätze hebt sich auf. Keine Seite wird bevorzugt und beide haben gleiche Gültigkeit. Da ist kein innerer Drang mehr, sich für eine der beiden Seiten entscheiden zu müssen. An jenem Punkt angelangt, wird die Schöpferkraft in uns aktiviert, welche uns unseren weiteren Weg weist.

Dies kommt im Film »Avatar«, in dem Mutter Natur durch einen riesigen Baum verkörpert wird, in folgender Aussage gut zum Ausdruck: »Unsere große Mutter zieht keine Seite vor. Sie sorgt nur dafür, dass das Leben im Gleichgewicht bleibt.«

Der Baum spiegelt mit seinem Aufbau diese Polarität. An einem Ende befinden sich die Wurzeln (Seele) und am anderen die Baumkrone (Geist), welche durch den Stamm (Körper) in der Mitte miteinander verbunden sind. Durch ihn findet der Austausch von Nährstoffen (Energien) statt.

Niemand würde auf die Idee kommen, diese Teile des Baumes zu werten und zu behaupten, die Wurzeln wären wichtiger als die Baumkrone oder der Stamm wäre essentieller als die

Wurzeln. Keiner der Teile könnte in der materiellen Welt getrennt von den anderen existieren, und nur zusammen bilden diese drei eine schöpferische Einheit.

Ein Baum zieht aus dem Boden, in dem er wurzelt, jene Nährstoffe, die er für sein gesundes Wachstum braucht. Das Licht der Sonne, welches von seinen Blättern aufgefangen wird, ist ebenso essentiell für ihn. Es sorgt dafür, dass die aus dem Boden aufgenommenen Nähstoffe verarbeitet und genüuzt werden können. Und ohne den Stamm des Baumes, welcher diese beiden Pole miteinander verbindet, könnte kein Austausch von Nährstoffen stattfinden.

So kompliziert uns das Leben auch manchmal erscheint, so einfach ist es in Wirklichkeit. Öffnen wir uns gleich einem Baum für den Austausch von Nährstoffen (Energien) beider Pole, Krone und Wurzeln, Oben und Unten, Himmel und Erde in uns. Der natürliche Kreislauf in uns kommt wieder in Fluss, und wir finden erneut Zugang zu unserem Potential. Unsere persönlichen Bedürfnisse sind der Schlüssel für diesen Zugang.

Als Kinder waren uns unsere persönlichen Bedürfnisse bewusst, und wir konnten ihnen auf natürliche Art und Weise Ausdruck verleihen. Im Laufe unseres Heranwachsens wurden wir von der äußeren Welt, unserer Erziehung und der Gesellschaft, welche uns ihre Bedürfnisse suggerierten, stark geprägt. Diese Prägung und die daran geknüpften Bedürfnisse blockieren den Zugang zu unserem Potential, da diese selten unseren persönlichen Bedürfnissen entsprachen. Uns so kam es, dass das, was wir tun und erreichen, wichtiger wurde als das, was wir fühlen und brauchen. Unsere Arbeit und Leistung steht jetzt im Gegensatz zu unserem Selbstwert.

Orientierungslosigkeit, wachsende Unzufriedenheit, steigender Leistungsdruck und die daraus resultierenden gesundheitlichen Störungen sind Anzeichen dafür, dass wir uns nicht in unserer Mitte befinden und sprichwörtlich aus dem Gleichgewicht geraten sind

Mit dem Bewusstsein, dass uns selbst die Macht gegeben ist, jederzeit frei zu wählen zwischen den Polen oder der goldenen Mitte, lassen wir ab von jeglicher Wertung und kehren wir zurück in unsere Mitte, ins Gleichgewicht.

Letztendlich trägt jeder von uns selbst die Verantwortung für seine Entscheidungen, für den Zeitpunkt, wann er sie trifft, und natürlich für die sich daraus ergebenden Folgen. Dies kommt im folgenden Zitat von Rumi, einem bedeutenden Dichter und Mystiker des Mittelalters, deutlich zum Ausdruck:

»Jenseits der Vorstellung von Richtig und Falsch liegt ein Feld. Ich werde dich dort treffen.«

In uns selbst ruhend, gleich einem anmutigen und mächtigen Baum, wird unser Potential neue Blätter sprießen lassen.

Am Baum des Lebens wachsen viele Augenblicke.
Jeder einzelne davon ist kostbar.

Jochen Mariss, Schriftsteller und Fotograf

Die Lebensbäume des keltischen Baumkreises

Und je mehr ich wachse, so wie ein Baum wächst, um so mehr gewinne ich an Tiefe.

Antoine de Saint-Exupéry, *Der kleine Prinz*

Dem keltischen Baumkreis zufolge ist jedem Menschen nach seinem Geburtsdatum ein persönlicher Lebensbaum zugeordnet, der ihm als treuer Freund und Wegbegleiter ein Leben lang mit seinen Gaben und Talenten zur Seite steht. Jeder der 22 Lebensbäume birgt große Kraft in sich, welche er uns zur Verfügung stellt, um unser Potential zu aktivieren.

Und auch hier begegnen wir wieder der Polarität von yin und yang, weiblich und männlich, passiv und aktiv. Denn jede Baumart kommt im Jahreszyklus zweimal vor und steht sich im Baumkreis immer gegenüber. So tragen zum Beispiel die Winterzeder- und die Sommerzeder-Menschen das gleiche Potential in sich, wobei sich beide von entgegengesetzten Richtungen, von den beiden Polen her, an ihr Potential annähern und sich Zugang dazu verschaffen.

Die Ausnahme bilden die Lebensbäume Eiche, Birke, Olivenbaum und Buche. Ihnen ist nur ein Tag im Jahreszyklus zugeordnet. Diese Tage sind markante Wendepunkte und leiten den Wechsel der vier Jahreszeiten ein. Die Tagundnachtgleichen im Frühling und Herbst werden durch die Eiche am 21. März und den Olivenbaum am 23. September repräsentiert und die Sommer- und Wintersonnenwende durch die Birke am 24. Juni und die Buche am 22. Dezember.

Unser Lebensbaum ist der Hüter unseres individuellen Potentials, der uns immer wieder aufs Neue daran erinnert und uns dabei hilft, uns unserer Gaben und Talente bewusstzuwerden.

Diese Fähigkeiten sind es, die in unser Leben integriert werden wollen. Ihre Integration bewirkt ein Umdenken und den damit einhergehenden Wandel unserer festgefahrenen Gewohnheiten und Muster, welche unserem Entwicklungsprozess nicht mehr dienen, sondern ihn beschränken.

Wir sehnen uns alle zutiefst danach, die Quelle aller Kraft in uns selbst zu finden. Die Bäume sind stets offen, diese Weisheit mit uns zu teilen, wenn wir breit sind, zu lauschen und zu vertrauen.

Die Elementfamilien der Lebensbäume

»Seinen Lebensbaum entdecken und neue Lebenskräfte in sich wecken.«

Die Lebensbäume haben als gemeinsame Basis die fünf Elemente: Erde, Wasser, Feuer, Luft und Äther, die ihnen zugeordnet werden. Bäume des gleichen Elements bilden Elementfamilien, welche gemeinsame persönliche Bedürfnisse und Wesensmerkmale aufweisen.

Wie die fünf Elemente in der Natur zueinander stehen, sich ergänzen und ausgleichen, so verhält es sich mit den Lebensbäumen der jeweiligen Elementfamilien und ihren Wesensmerkmalen.

Die Erdelementfamilie...

...die fantasievollen Praktiker und Genießer

Zur Erdelementfamilie zählen der Olivenbaum, der Walnussbaum, die Kastanie, der Apfelbaum und der Feigenbaum. Ihre gemeinsame Basis gründet auf folgenden Wesensmerkmalen:

Starkes Bedürfnis nach Geborgenheit und Nähe. Im Vordergrund steht das Handeln und anderen Menschen Dienen – gute Umsetzer – auf Sicherheit bedacht – Familienmenschen – mit den Händen Kreatives erschaffen – sehr erdverbunden – sinnliche Genießer – gut im Strukturieren und Verwalten – hohes Maß an Toleranz.

Die Wasserelementfamilie...

...die einfühlsamen Lehrenden und Kreativen

Zur Wasserelementfamilie zählen die Birke, die Tanne, die Ulme, die Weide und die Linde. Ihre gemeinsame Basis gründet auf folgenden Wesensmerkmalen:

Starkes Bedürfnis nach Gefühlsausdruck und Vitalität – bewegtes Auf und Ab der Gefühle – Familienmenschen – starker Sinn für Gerechtigkeit – fürsorgendes und mitfühlendes Wesen – sprudelt vor Vitalität – hohes Maß an Flexibilität – ausgeprägter Verstand – ihre Erfahrungen an andere Menschen weitergeben.

Die Feuerelementfamilie...

...die anpassungsfähigen Begeisterer und Vorantreiber

Zur Feuerelementfamilie zählen die Eiche, der Haselbaum, die Eberesche, die Hainbuche und die Kiefer. Ihre gemeinsame Basis gründet auf folgenden Wesensmerkmalen:

Starkes Bedürfnis nach Transformation und Lebensfreude – Konzentration auf das Wesentliche – Pioniere auf vielen Gebieten – Streben nach Dominanz – Ausdruck durch Kommunikation – temperamentvolle Motivatoren – interessierte Offenheit – Anpassungsfähigkeit durch Veränderungsbereitschaft.

Die Luftelementfamilie...

...die dynamischen Träumer und Erfinder

Zur Luftelementfamilie zählen die Buche, die Zypresse, der Ahorn und die Esche.

Ihre gemeinsame Basis gründet auf folgenden Wesensmerkmalen:

Starkes Bedürfnis nach Freiheit und Klarheit – reisefreudige Entdecker – Vielzahl an Interessensgebieten – verlassen sich lieber auf ihren Verstand als auf ihr Gefühl – offen für Neues und neue

Begegnungen – kommunikatives und wissbegieriges Wesen – erfrischende Spontaneität – strebsam – legen großen Wert auf Individualität und Unabhängigkeit.

Die Ätherelementfamilie...

...die intuitiven Visionäre und Vernetzer

Zur Ätherelementfamilie zählen die Pappel, die Zeder und die Eibe. Ihre gemeinsame Basis gründet auf folgenden Wesensmerkmalen:

Starkes Bedürfnis nach Liebe und Transzendenz – individuelle Führungsnatur –ausdauernde und geduldige Vorwärtsgeher – tolerant und weltoffen – feinfühlige Wahrnehmung – naturverbundenes und mitfühlendes Wesen – Suche nach Erkenntnis – Reisen zur Inspiration und Horizonterweiterung – redegewandte Vernetzer.

Was ist Äther?

Der Philosoph Aristoteles (* 384 v. Chr., war ein Schüler Platons) ist der Namensgeber des sogenannten Äthers, des fünften Elements. Sein lateinischer Name, *quinta essentia* bedeutet übersetzt »das Wesentliche.« Seiner Lehre zufolge sollen die vier Elemente Erde, Wasser, Feuer und Luft aus dem Äther entstanden sein. Dieser besitzt die Kraft, allen Dingen Leben einzuhauchen und das Sichtbare mit dem Unsichtbaren zu verweben. Der Äther ist der Raum, der alles miteinander verbindet. Jedes dieser fünf Elemente hat seine speziellen Qualitäten und Aufgaben. Würde nur eines davon fehlen, gäbe es unseren Planeten Erde, so wie wir ihn kennen, nicht. Die Lebensbäume der Ätherelementfamilie haben sich eine besondere Herausforderung gewählt, nämlich die unsichtbare mit der sichtbaren Welt zu verbinden. Diese Gabe in die materielle Welt zu bringen, verlangt Demut und Vertrauen in die Schöpfung.

Das Bedürfniseinmaleins

Bedürfnisse sind wie ein Fass ohne Boden. Wir können von außen noch so viel hineinfüllen, es wird nie voll werden, wenn wir nicht lernen, das Bedürfnis in uns selbst zu stillen, indem wir uns mit unseren Wurzeln den Zugang zur Quelle aller Kraft verschaffen. Werden Bedürfnisse nicht erfüllt, verkümmern wir wie ein Baum, dem eines der lebenswichtigsten Elemente entzogen wurde.

Unsere Bedürfnisse verweisen uns auf den Teil in uns, von dem wir glauben, ihn in uns selbst nicht zu haben. Deshalb beginnen wir diesen fehlenden Teil in der Außenwelt, sprich in unseren Beziehungen, in unserem Beruf oder in der Erfüllung materieller Wünsche zu suchen. Daher spiegeln sich unsere persönlichen Bedürfnisse in unseren tiefsten Sehnsüchten wider. Unsere Sehnsüchte streben stets nach Erfüllung und treiben uns damit auf unserem Weg nach Hause voran.

Wenn wir bereit sind, uns unserem persönlichen Entwicklungsprozess zu stellen und weiterzugehen, ist uns auch die Erfüllung unserer tiefsten Sehnsucht sicher. Die Grundhaltung auf diesem Weg ist emotionale Ehrlichkeit und das Wissen um unsere persönlichen Bedürfnisse. Geduld, Ausdauer und Sinn für Humor können wertvolle Wegbegleiter sein.

Lassen Sie die starren Vorstellungen los, dass Ihre Bedürfnisse auf eine bestimmte Weise erfüllt werden, und lassen Sie zu, dass das Leben Sie auf seine Weise erfüllt. Haben Sie Vertrauen: Alles, was in Ihrem Leben geschieht, dient Ihrem höchsten Wohl.

Jede wahre Sehnsucht im Menschen ist ein verborgener Flügel zur Heimat.

Otto von Loeben

Vorbemerkung

Carpe Arborem

Der Begriff *Carpe Arborem* bedeutet frei übersetzt: »Nutze die Weisheit des Baumes«!

Er beschreibt die grundlegende Lebensphilosophie der Menschen mit diesem Lebensbaum. Weiters gibt er Aufschluss über die an diesen Tagen wirkende Baumenergie, welche sich jeder zunutze machen kann, um sein Leben bewusster zu gestalten.

Quintessenz – Das Wesentliche in fünf Sätzen

Hier wird in fünf Sätzen zusammengefasst, was Menschen mit dem jeweiligen Lebensbaum beachten sollten, wenn sie ihr Leben auf sanfte Art und Weise wieder ins Fließen bringen wollen. Aber seien Sie sich einer Sache gewiss: Veränderungen beginnen immer bei uns selbst, ob wir uns dessen bewusst sind oder nicht. Wir haben die Wahl, es selbst in die Hand zu nehmen oder abzuwarten, bis das Leben uns mit den anstehenden Veränderungen konfrontiert.

Heilwirkung

Wegen der Vielzahl von Anwendungsmöglichkeiten und Heilwirkungen der Bestandteile jedes einzelnen Lebensbaumes, wurden unter dem Punkt Heilwirkung nur einige davon erwähnt.

Zitate

Auf den Baumfotografien befinden sich Zitate berühmter Persönlichkeiten, welche dem jeweiligen Lebensbaum zugeordnet sind.

Die Eiche

21. März – Frühlings-Tagundnachtgleiche

Elementfamilie: Feuer

Gaben und Talente

Temperamentvoll, willensstark, voller Lebensfreude und Tatendrang, optimistisch, verantwortungsbewusst, Führungspersönlichkeit, großer Hunger nach Abenteuer, eigensinnig, ausdauernd.

Carpe Arborem

»Die Kraft, mich selbst zu finden und meiner Individualität Ausdruck zu verleihen, liegt einzig und allein im Hier und Jetzt, in Demut gegenüber der Schöpfung.«

Symbolik

Die Eiche, welche nur an einem Tag des Jahres vorkommt, repräsentiert die Tagundnachtgleiche im Frühling. Dies ist der Zeitpunkt des Ausgleichs, da Tag und Nacht gleich lang sind. Dieser Tag sollte dafür genutzt werden, um eine bewusste Rückschau über die Wintermonate zu halten, daraus Erkenntnisse zu gewinnen, um anschließend das Vergangene dankbar loszulassen, um Platz für Neues zu schaffen. Die Eiche galt bei den Kelten als Sinnbild für Standfestigkeit, ausdauernde Kraft und Stärke. Ihre Druiden wussten damals bereits um die außergewöhnlichen Heilkräfte der Eichenmistel, welche heute zur Behandlung von Krebs eingesetzt wird.

Ihr Weg durchs Leben

Eiche-Geborene zählen zur Feuerelementfamilie. Das Element Feuer verleiht ihnen ihre Klarheit, Schnelligkeit und Kraft, mit der sie im Leben voranschreiten, um sich selbst und ihre Ziele zu verwirklichen. Sie sind wahre Mittelpunktmenschen mit der Gabe,

Die pulsierende Lebenskraft des Moments

die gesamte Aufmerksamkeit ihrer Mitmenschen auf sich zu ziehen und zu lenken. Rückschläge beeindrucken sie nicht, vielmehr beziehen sie daraus neue Kraft und den Ansporn, vorwärtszustürmen. Ihr Fokus bleibt dabei immer auf ihr Ziel gerichtet. Haben sie sich einmal für etwas entschieden, ist jeder Versuch zwecklos, sie von ihrem Vorhaben wieder abzubringen. Das hat lediglich zur Folge, dass man sich die Zähne an ihnen ausbeißt. Das berühmte Zitat *veni, vidi, vici* (»Ich kam, sah und siegte«) des römischen Feldherren G. J. Caesar beschreibt den Charakter einer Eiche-Persönlichkeit mit wenigen Worten, dafür sehr treffend.

Diese willensstarken und temperamentvollen Führungspersönlichkeiten betreten nicht nur einen Raum, nein, vielmehr erscheinen sie, und dabei wissen sie ganz genau, was sie wollen und wie sie es erreichen. Ihnen wohnt die Gabe inne, ihre gebündelte Aufmerksamkeit ganz bewusst auf das Wichtigste und Entscheidendste im Leben zu richten, nämlich auf diesen einen Moment. Damit gelingt diesen Positivisten fast alles in ihrem Leben mit einer spielerischen Leichtigkeit und auf ganz einfache Art und Weise, wo andere ihr gesamtes Leben darauf hinarbeiten, um am Ende zu diesem Resultat, zu dieser weisen und machtvollen Lebenseinstellung zu gelangen. Doch ein altes Sprichwort besagt: »Hochmut kommt vor dem Fall.« So müssen Eiche-Geborene oft erst lernen, dass Konkurrenzverhalten und Eitelkeit ihnen nicht dienlich sind und sie oft sogar davon abhalten, ihre Ziele zu erreichen. Deshalb sollten sie auf einen würde- und respektvollen Umgang mit ihren Mitmenschen achten, sei es im privaten oder im beruflichen Umfeld. Denn das, was eine wirkliche Führungspersönlichkeit auszeichnet, ist eine große Portion Verständnis für die Eigenheiten anderer und ein mitfühlendes und offenes Herz für ihre Anliegen.

Was den Beruf betrifft, stehen Eiche-Geborenen alle Türen offen. Alle, bis auf eine, nämlich isoliert in einem Büro Hilfsarbeiten für andere zu verrichten, die kein selbständiges und eigenverantwortliches Denken und Handeln verlangen. Denn im Schatten anderer können sie ihr Potential einer strahlenden Führungspersönlichkeit nicht entfalten. Sie wollen und sollen im Licht der Sonne stehen und strahlen.

Quintessenz – Das Wesentliche in fünf Sätzen

Die Gabe dieser Führungspersönlichkeiten, die Aufmerksamkeit von vielen Menschen auf sich zu ziehen, bringt auch die Verantwortung mit sich, keine eigennützigen Entscheidungen zu treffen, sondern Entscheidungen die dem Wohle aller dienen. Da sich die meisten Eiche-Geborenen sehr wohl ihrer Talente bewusst sind, neigen sie zu starken Egostrukturen und Rücksichtslosigkeit in Bezug auf die Bedürfnisse ihrer Mitmenschen. Sie sollten lernen, dass für eine Führungspersönlichkeit nicht die Größe ihres Egos entscheidend ist, sondern die Größe ihres Herzens und das Mitgefühl, zu dem sie fähig sind. Es zeugt von Stärke, sich auch einmal Fehler und Schwächen einzugestehen und von starrsinnigen Entscheidungen wieder loszulassen. Das kratzt zwar etwas an ihrem Stolz, aber bringt sie schneller und sicherer ans gewünschte Ziel.

Heilwirkung

Der Tee aus Rinde oder Blätter wirkt entzündungshemmend, stopfend, keimtötend.

Lebensbaumkraft

Die pulsierende Lebenskraft des Moments.

Zitat einer Eiche-Persönlichkeit

> *»Der Tag, an dem es passiert, wird kommen. Es könnte heute sein oder erst in fünfzig Jahren. Sicher ist nur, dass es passieren wird.«*

Ayrton Senna
Brasilianischer Formel 1-Rennfahrer
(nach dem tödlichem Unfall eines Kollegen)

Der Haselbaum

22. – 31. März und 24. September – 3. Oktober

Elementfamilie: Feuer

Gaben und Talente

Ehrlich, weise, offen für Neues, verlässlich, kämpferisch, erfolgreich, vielseitig begabt, großzügig, großmütig, zäh, tolerant, reisefreudig, magische Anziehungskraft, sinnlich, durchsetzungsstark.

Carpe Arborem

»Mit meinem Herzen nehme ich die Wahrheit wahr, welche meinen Sinnen verborgen bleibt.«

Symbolik

In der keltischen Mythologie ist der Haselbaum ein Symbol der Weisheit, Wahrheit und Fruchtbarkeit. Die Druiden benutzten die Äste des Haselbaums zur Herstellung von Wünschelruten, mit welchen sie unterirdische Wasseradern aufspürten. Denn heute wie damals ist Wasser überlebenswichtig. Im antiken Rom war der Haselbaum ein Friedenssymbol.

Ihr Weg durchs Leben

Haselbaum-Geborene zählen zur Feuerelementfamilie. Das Feuerelement verleiht ihnen ihr Temperament, ihre Durchsetzungskraft und ihre transformierende Wirkung in allen ihren Beziehungen. Sie haben sich die Suche nach Herausforderungen und die Eroberung von neuem Terrain zum Ziel gesetzt. Dabei sind sie sowohl beruflich als auch privat zumeist sehr erfolgreich. Dies spiegelt sich auch in ihrer Lust wider, ferne Länder zu bereisen. Deshalb zieht es Haselbaum-Persönlichkeiten meist schon sehr früh hinaus in die weite Welt. In ihnen schlägt das große Herz eines Pioniers, der schon in jungen Jahren in seiner Familie häufig die

Die fruchtbare Kraft der wegbereitenden Pioniere

Rolle des Rebellen übernimmt. Sie stellen sich mutig jeder Konfrontation, um die herrschenden starren Strukturen zu überwinden. Dabei lernen sie, über ihre eigenen Grenzen hinauszuwachsen, um neue Wege zu finden.

Haselbaum-Menschen lieben es, sich zu behaupten und durchzusetzen und scheuen keine Auseinandersetzung. Sie stehen für ihre eigene Wahrheit ein und erkennen dank ihrer Intuition sofort, ob ihr Gegenüber es auch ehrlich mit ihnen meint. Bei emotionsgeladenen Streitgesprächen sollten Haselbaum-Persönlichkeiten darauf achten, dass sie mitfühlend reagieren und ihre Worte und Handlungen mit Bedacht wählen, anstatt den sturen und oftmals verletzenden Egostrukturen den Vorzug zu geben. Dank ihrer Gabe, bedingungslos hinzunehmen, was sie nicht ändern können, und der starken Willens- und Durchsetzungskraft, das zu verändern, was in ihrer Macht liegt, werden sie zu den Wegbereitern für die nachkommende Generation. Das einzige, was ihnen dafür vom Leben abverlangt wird, ist ausreichend Geduld aufzubringen.

Mit der Wahl ihres Berufes sind Haselbaum-Geborene ihrer Zeit meist lange voraus. Diesbezüglich könnte man sie als Trendsetter bezeichnen. Das heißt, dass sie sehr interessiert an neuen Wissens- und Berufsgebieten sind wie Osteopathie, Pferdeflüsterer oder spiritueller Mediator. Gleichzeitig wohnt ihnen ein gutes Gespür dafür inne, was in Zukunft an Berufen gebraucht wird. So sind sie immer vorne mit dabei, wenn es gilt, den Menschen als Wegbereiter zu dienen.

Quintessenz – Das Wesentliche in fünf Sätzen

»Koste das Wort bevor du es sprichst.« Dies sollten sich Haselbaumpersönlichkeiten zum Leitspruch machen, der sie auf ihrem Lebensweg begleitet. Denn sie neigen dazu, Menschen ihre Wahrheit ungeschönt und oft etwas vorschnell an den Kopf zu werfen. Selbst wenn sie mit dem, was sie sagen, recht haben, bewirkt dieses Verhalten mit Sicherheit nicht die von ihnen erhoffte Veränderung bei ihrem Gegenüber. Denn diese offensive Art

der Kommunikation erzeugt meist Widerstand und emotionale Verschlossenheit, und die wesentliche Botschaft darin, welche dem Gegenüber gedient hätte, kann weder empfangen, geschweige denn angenommen werden. Von Pionieren wird verlangt, dass sie nicht nur predigen, wie man es besser machen könnte, sondern dass ihrer Weisheit auch Taten folgen.

Heilwirkung

Blätter und Rinde wirken blutstillend und fiebersenkend. Haselnüsse sind reich an Vitamin A, B und C, wertvollen Mineralien und essentiellen Fettsäuren und daher gut für Haut und Nerven.

Lebensbaumkraft

Die fruchtbare Kraft der wegbereitenden Pioniere.

Zitate von Haselbaum-Persönlichkeiten

»Der Wege sind viele, doch das Ziel ist eins.«

Rumi
Persischer Mystiker und Dichter des Mittelalters

»Wir müssen die Veränderung sein, die wir in der Welt sehen wollen.«

Mahatma (»Große Seele«) Gandhi
Indischer Rechtsanwalt und politisch-geistiger Führer der indischen Unabhängigkeitsbewegung

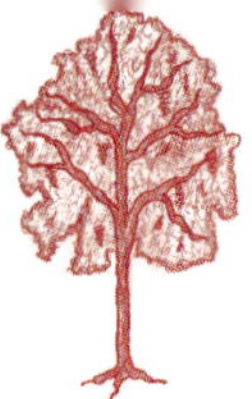

Die Eberesche

1. – 10. April und 4. – 13. Oktober

Elementfamilie: Feuer

Gaben und Talente

Hilfsbereit, begeisterungsfähig, visionär, sprühen vor Lebensfreude, großzügig, weise, Blick für das Schöne, offen für Neues, gesellig, Sinn für Gerechtigkeit, innere Balance finden, guter Zuhörer und Organisator.

Carpe Arborem

»In mich gehen und dort finden, was mir Freude macht, schafft Balance und gibt mir Kraft, und die Liebe zu mir selbst erwacht.«

Symbolik

Die Eberesche, besser bekannt unter dem Namen Vogelbeerbaum, dient dank ihrer roten Früchte vielen Tieren, vor allem Vögeln, als beliebte Nahrungsquelle. Weiters gilt sie als weise Botin bevorstehender Veränderungen. Dank ihrer Genügsamkeit und enormen Anpassungsfähigkeit an ihre Umgebung ist sie ein Sinnbild für pure Lebensfreude.

Ihr Weg durchs Leben

Eberesche-Geborene zählen zur Feuerelementfamilie. Das Element Feuer verleiht ihnen ihr temperamentvolles Wesen und die Konzentration auf das Wesentliche in jedem Moment. Sie strahlen Anmut, Schönheit und innere Gelassenheit aus. Dies ist ein Grund dafür, warum sich viele Menschen in ihrer Nähe geborgen und angenommen fühlen. Für diese Reisebegeisterten gibt es immer etwas Neues zu erleben und zu entdecken. Ihr großer Hunger nach Erfahrungen zieht sie in die Welt hinaus. Daher rührt

Die ausgleichende Kraft der Selbstliebe

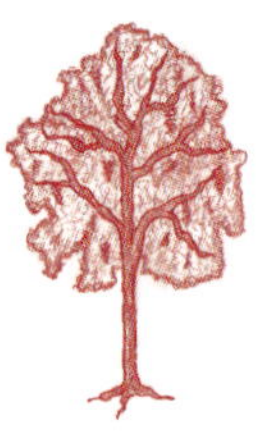

auch ihre Rastlosigkeit in jungen Jahren, welche sie selten zur Ruhe kommen lässt.

Eberesche-Persönlichkeiten sind mitfühlende Zuhörer und Vermittler zwischen den Gegensätzen. Mit ihrer intuitiven Weisheit helfen sie ihren Mitmenschen, in ihr inneres Gleichgewicht zu finden. Dadurch wird die Harmonie in ihren aus dem Gleichgewicht geratenen Beziehungen wieder hergestellt. Sie selbst sehnen sich ebenfalls zutiefst nach Einklang und Harmonie.

Doch was ihnen in Bezug auf andere Menschen leichtfällt, empfinden sie bei sich selbst als eine der größten Herausforderungen in ihrem Leben. Denn stimmen die Wünsche und Erwartungen ihres Umfeldes an sie nicht mit ihren persönlichen Bedürfnissen überein, stellen Eberesche-Persönlichkeiten ihre persönlichen Bedürfnisse nur allzu schnell hintenan. Dieser selbstlose Charakterzug mag ihren Mitmenschen auf den ersten Blick angenehm erscheinen, aber auf längere Sicht gesehen ist dies für keine der beiden Seiten von Vorteil.

Dieses Verhaltensmuster hat zur Folge, dass Eberesche-Geborene aus ihrer Balance geraten und sich dann ihrem Gegenüber emotional verschließen. In weiterer Folge kommt die lang angestaute Wut zum Vorschein, wobei sie oft nicht in der Lage sind, dieses Gefühl zu kommunizieren. Der Lösungsprozess wird dadurch natürlich erschwert und verzögert. Deshalb ist es für sie so wichtig, auf ihre innere Stimme zu lauschen und ihr zu folgen, um in sich selbst die Stabilität zu finden, die sie im Außen suchen. Die große Meisterschaft für sie besteht darin, sich selbst zuerst das zu geben, was sie sich vom anderen so sehr ersehnen, nämlich Halt, Geborgenheit und Liebe. Das verleiht ihnen den Mut, ihren Träumen zu folgen.

Eberesche-Geborene sehnen sich auch danach, ihr Gespür für Harmonie in ihrem Beruf zum Ausdruck zu bringen. Kombiniert mit ihrem Sinn für Schönheit und Kreativität, eignen sie sich besonders für soziale Berufe aber auch als Designer, Raumgestalter und Stylist. Aufgrund ihres Strebens nach Dominanz führt sie der

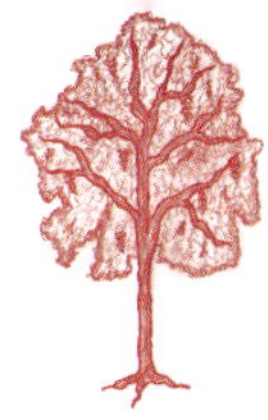

berufliche Weg häufig in die Selbständigkeit oder Zusammenarbeit mit einem gleichwertigen Geschäftspartner.

Quintessenz – Das Wesentliche in fünf Sätzen

Für ihren Selbstwert ist es wichtig, dass sie sich nicht von den Erwartungen und Wünschen ihrer Mitmenschen überrumpeln lassen. Sie sollten sich erst einmal selbst über ihre Bedürfnisse im klaren sein, um offen und ehrlich für diese eintreten zu können. Diese Klarheit und die Kommunikation ihrer Bedürfnisse nach außen verleiht ihnen das Maß an Stabilität, Vertrauen und innerem Gleichgewicht, welches sie brauchen, um Schritt für Schritt auf ihrem Lebensweg vorwärtszugehen.

Ihre Lernaufgabe besteht darin, ihr Herz für alle Erfahrungen, ganz gleich, ob freud- oder schmerzvoll, zu öffnen, anstatt sich hinter vermeintlich schützenden Mauern zu verstecken. Eberesche-Geborene sollten lernen, ihre Entscheidungen nicht mehr mit ihrem vorschnellen Verstand zu treffen, sondern nach innen zu gehen und die Wahl ihrem Herzen zu überlassen.

Heilwirkung

Ebereschenbeeren sind in kleinen Mengen sowohl roh, gekocht oder getrocknet genießbar, enthalten sehr viel Vitamin C, wirken immunsystemstärkend, blutreinigend und regen die Nierentätigkeit an.

Lebensbaumkraft

Die ausgleichende Kraft der Selbstliebe.

Zitat einer Eberesche-Persönlichkeit

> *»Ich sah, dass man oft, um zur Wahrheit zu gelangen, mit einer Täuschung beginnen muss. Dem Licht muss notwendigerweise Finsternis vorangegangen sein.«*

Casanova
Italienischer Abenteurer und Schriftsteller

Der Ahorn

11. – 20. April und 14. – 23. Oktober

Elementfamilie: Luft

Gaben und Talente

Freiheitsliebend, strebsam, willensstark, gesellig, sehr aktiv, entschlussfreudig, mutig, bestrebt, vorwärtszugehen, vielseitig begabt, sozial engagiert, souverän.

Carpe Arborem

»Mich selbst zu finden und meine Gefühle auszudrücken, führt mich zu einer Freiheit jenseits aller Grenzen, die in meinem Herzen wohnt.«

Symbolik

Der Ahorn wird im Volksmund als »Engelsköpfchenbaum« bezeichnet, da seine geflügelten Früchte an tanzende Engel erinnern, wenn sie sich schnell kreisend von seiner Baumkrone schwingen. Nahezu auf der ganzen Welt verbreitet, wurden seine handförmig aufgefächerten Blätter zu einem Symbol für Freiheit.

Ihr Weg durchs Leben

Ahorn-Geborene zählen zur Luftelementfamilie. Das Luftelement verleiht ihnen ihr hohes Maß an Spontaneität, Offenheit und ihre Redegewandtheit. Sie sind Suchende mit dem inneren Antrieb und der Hoffnung, dabei sich selbst, ihre wahre Identität zu finden und zu definieren. Als Luftelement fühlen sie sich nämlich überall und nirgendwo zu Hause.

Auf ihrem sehr individuellen Weg durchs Leben probieren und erproben sie ihre vielfältigen Talente. Dabei werden sie immer wieder vor neue Herausforderungen gestellt, welche sie, wenn sie gelernt haben, ihrer Intuition zu vertrauen, meist auf ungewöhnliche Art und Weise problemlos und siegreich meistern. In jungen Jahren

beginnen Ahorn-Geborene als mutige Einzelkämpfer. Sie befreien sich sehr schnell aus ihren meist gut behüteten und strengen Familienstrukturen. Durch ihr ausgeprägt soziales und hilfsbereites Wesens entwickeln sie sich daher im Laufe ihrer Erfahrungen immer mehr zu Gruppenmenschen.

Ahorn-Persönlichkeiten besitzen eine positive und visionäre Lebensausrichtung. Dies ist ihre Antriebskraft, um mit ihrem Ideenreichtum neues Terrain zu erobern, welches sie gerne einer Gemeinschaft von Gleichgesinnten zugute kommen lassen. Ihr innerstes Bestreben ist es, ihre Mitmenschen zu ermutigen und in ihrem Weiterentwicklungsprozess zu unterstützen. Diese Tatsache spricht auch dafür, dass der Ahorn zum Leitsymbol der französischen Revolution nach dem Motto »Freiheit, Gleichheit, Brüderlichkeit«, auserkoren wurde. Doch Ahorn-Geborene haben auch einen wunden Punkt, nämlich die meist lange angestaute Wut, welche unerwartet zum Ausbruch kommen kann. Eine vorbeugende Maßnahme dagegen ist, ihre Kreativität in jeglicher Form auszuleben. Denn Wut ist nichts anderes als unterdrückte Kreativität.

Wie sich der Stamm des Ahorns häufig sehr früh in zwei Stämme zu gabeln beginnt, so tragen Ahorn-Persönlichkeiten meist einen tiefen Zwiespalt, einen inneren Widerspruch in sich. Die Sehnsucht ihres Herzens nach Zweisamkeit wird meist überschattet und blockiert von der Angst, dadurch ihre Freiheit zu verlieren und letztlich sich selbst aufzugeben. Dieser innere Zwiespalt strebt ständig nach Ausgleich und stimmt ihr Gemüt oft unruhig und rastlos. Letztendlich liegt ihre Meisterschaft darin, zu erkennen und zu fühlen, dass Liebe und Freiheit, welche in der Prägung vieler Menschen meist als gegensätzlich empfunden werden, in Wirklichkeit einander bedingen und ohne einander nicht existieren können.

Ihr soziales Engagement spiegelt sich auch in der Wahl ihres Berufs wider. Das Tempo, mit welchem sie durchs Leben ziehen, erschwert vielen ihrer Mitmenschen das Mithalten. Daher ist es wichtig für sie zu lernen, auf andere Rücksicht zu nehmen. Die Zusammenarbeit mit Menschen ist es, welche beruflich häufig im

Vordergrund steht. Aufgrund ihres ausgeprägten Verstandes und ihrer vielfältigen Interessen eignen sie sich auch zum Forscher, Wissenschaftler und Philosophen.

Quintessenz – Das Wesentliche in fünf Sätzen

Entscheidend für Sie ist zu erkennen, dass Sie selbst die Wahlfreiheit besitzen und nicht der Gefangene Ihrer einmal getroffenen Entscheidungen sind. Eine Ihrer Lernaufgaben besteht darin, die Freiheit, welche Sie im Außen suchen, in sich selbst zu finden. Denn es sind die inneren Veränderungen, welche uns zur inneren Freiheit führen. So lernen Sie, Ihr Herz Schritt für Schritt für die Menschen, die Ihnen nahestehen, zu öffnen und wieder zu vertrauen. Es ist nie zu spät, eine andere Wahl zu treffen, wenn Sie bereit sind, Ihre Gefühle dem anderen ehrlich zu kommunizieren und sich einem Leben in Zweisamkeit zu öffnen.

Heilwirkung

Blätter, Rinde oder Sirup haben eine kühle, abschwellende Wirkung und werden bei Fieber, Augenentzündungen und Insektenstichen eingesetzt. Der begehrte süße Saft des Zucker-Ahorns, der Ahornsirup, hat eine beruhigende Wirkung und vermag Aggressivität zu lindern.

Lebensbaumkraft

Die befreiende Kraft der Identität.

Zitat einer Ahorn-Persönlichkeit

»Als ich mich wirklich selbst zu lieben begann, habe ich aufgehört, mich nach einem anderen Leben zu sehnen, und konnte sehen, dass alles um mich herum eine Aufforderung zum Wachsen war. Heute weiß ich, das nennt man Reife.«

Charlie Chaplin
Britischer Schauspieler, Drehbuchautor, Regisseur und Komponist, internationaler Friedenspreisträger und Oscar-Gewinner

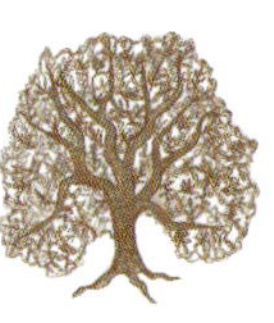

Der Walnussbaum

21. – 30. April und 24. Oktober – 2. November

Elementfamilie: Erde

Gaben und Talente

Familienmenschen, kreativ, ausdauernd, sicherheitsliebend, treu, Genießer, willensstark, leistungsfähig, eigensinnig, sanft, suchen harmonische und emotionale Beständigkeit, Sinn für Kunst und Kultur.

Carpe Arborem

»Die Natur und der Ausdruck meiner Kreativität schenken meinem rastlosen Geist innere Ruhe. So finde und fühle ich die Geborgenheit im meinem Herzen wieder.«

Symbolik

Im alten Griechenland war die Nuss eine Götterspeise, zudem galt sie als Glücksbringer und Symbol der Fruchtbarkeit. In der keltischen Mythologie galt der Walnussbaum als Symbol für den Aufbruch zu neuen Ufern und die damit einhergehenden Veränderungen.

Ihr Weg durchs Leben

Walnussbaum-Geborene zählen zur Erdelementfamilie. Das Erdelement verleiht ihnen die Gabe der Manifestation ihrer Vorstellungen und wissenschaftlichen Denkansätze, ohne dabei den Boden unter den Füßen zu verlieren. Daher sind sie beruflich gesehen meist unter den Forschern, Technikern aber auch eloquenten Rhetorikern anzutreffen. Überall dort, wo sie hinkommen, räumen sie mit längst Überholtem auf und bringen neue Denk- und Verfahrensweisen mit ins Spiel.

Walnussbaum-Geborene sind die großen Denker unter den Menschen, welche sich auch nach außen hin gerne eine harte Schale zulegen, um sich zu schützen und für ihren meist rebellischen und bahnbrechenden Lebensweg zu rüsten.

Häufig gelten sie innerhalb ihrer Herkunftsfamilie als das berüchtigte schwarze Schaf oder in der Schule und später dann am Arbeitsplatz als der herausfordernde Querdenker, der meist Unruhe ins Geschehen bringt. Walnussbaum-Persönlichkeiten haben sich zum Ziel gesetzt, mit dem Alten und längst schon überholten Traditionen, Glaubenssystemen und festgefahrenen Strukturen zu brechen, Missstände aufzuzeigen und sie auszuräumen. So entsteht wieder Platz für Neues und Lebendiges. Die Kraft und Energie für dieses Vorhaben schöpfen diese treuen und sensiblen Menschen aus der Geborgenheit ihrer eigenen Familie, welche sie häufig schon sehr früh gründen.

Ihr rastloser Geist hastet meist von einem Gedanken zum nächsten und erzeugt so eine innere Getriebenheit, welche sich meist in Form von Stress und einer ständig angespannten Haltung äußert. Doch durch den Ausdruck ihrer Kreativität und in der Natur schaffen sie es, ihren ständig auf Hochtouren laufenden Verstand herunterzufahren und innerliche Ruhe und Frieden in ihrem Herzen zu finden.

Quintessenz – Das Wesentliche in fünf Sätzen

Eine Ihrer größten Herausforderungen besteht darin, Ihre rastlosen Gedanken auch einmal zum Schweigen zu bringen, um zur Ruhe zu kommen. Denn in der Ruhe kommen Sie wieder in Kontakt mit Ihren Gefühlen. Tun Sie das nicht, macht sich das häufig in starken Kopfschmerzen oder Augenproblemen bemerkbar. Wie allen Erdelementen, fällt es Ihnen aber schwer, selbstgeschaffene Strukturen wieder loszulassen, da sie Ihnen ein Gefühl der Sicherheit und Beständigkeit geben. Loslassen will auf jeden Fall gelernt sein, denn sonst folgt bei der kleinsten Veränderung meist der totale emotionale Zusammenbruch.

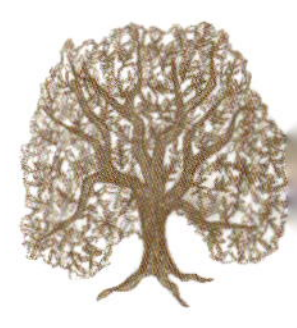

Heilwirkung

Walnussblättertee wirkt zusammenziehend und entzündungshemmend und kann bei Störungen des Verdauungssystems angewendet werden.

Lebensbaumkraft

Die emotionale Kraft der Geborgenheit.

Zitat einer Walnussbaum-Persönlichkeit

> *»Für den gläubigen Menschen steht Gott am Anfang, für den Wissenschaftler am Ende seiner Überlegungen.«*

Max Planck
Deutscher Physiker und Nobelpreisträger

Die Eibe

1. – 14. Mai und 3. – 11. November

Elementfamilie: Äther

Gaben und Talente

Naturverbunden, gegensätzlich, mystische Ausstrahlung, extrem sensibel, liebevoll, sinnlich, sanftmütig, ausgeprägte Fantasie, seelischer und geistiger Tiefgang, künstlerisch begabt.

Carpe Arborem

»Ich vereine die scheinbaren Gegensätze des Lebens von Freud und Leid, Geburt und Tod in mir. Denn in jedem Augenblick fühle ich die Ewigkeit des Seins und die Verbundenheit mit dem unendlichen Universum.«

Symbolik

Die Eibe, als Baum des Todes und des ewigen Lebens, symbolisiert für die Kelten das Bindeglied zwischen Diesseits und Jenseits, zwischen Geburt und Tod.

Aufgrund dieser Symbolik und vieler ihrer Eigenschaften wie ihr immergrünes Nadelkleid, ihre Toxizität und die psychedelische Wirkung ihrer Ausdünstungen, kann vermutet werden, dass beim mythischen Weltenbaum Yggdrasil nicht von einer Esche sondern einer Eibe die Rede war.

Ihr Weg durchs Leben

Eibe-Geborene zählen zur Ätherelementfamilie. Das Element Äther verleiht ihnen die Gabe einer sensiblen, oft sogar übersinnlichen Wahrnehmung. Diese verschafft ihnen einen außergewöhnlichen Zugang zu ihrer kreativen und phantasievollen Ausdruckskraft. Deshalb können sie ihre Talente auch am besten in künstlerische Bereiche und in die Gestaltung der Natur ein-

fließen lassen. Weiters entpuppen sie sich meist als Wegweiser mit Visionen für neue, aufgeschlossene und mitfühlende Gesellschaftsformen.

Doch häufig sind sich Eibe-Geborene dieser ganz speziellen Gabe, welche ihrem Wesen innewohnt und nur darauf wartet, endlich in die Welt getragen zu werden, nicht einmal bewusst. Schaffen Eibe-Persönlichkeiten jedoch nicht den Sprung, ihr grenzenloses Feingefühl rechtzeitig in kreative Bahnen zu lenken, neigen sie zu depressiven Stimmungszuständen und verstecken ihre Verwundbarkeit hinter der Maske des Zynismus bis hin zu aggressiven Abwehrmechanismen.

Vom keltischen Volk als »Baum des Todes« verehrt, wurde der Eibe wie auch den Eibe-Geborenen die Aufgabe der Wächterin des Bewusstseins der Unsterblichkeit der Seele und des ewigen Kreislaufs des Lebens zugeschrieben. Ihre Berufung zum Beruf zu machen, ist für Menschen mit diesem Lebensbaum von enorm großer Bedeutung. Ob als begnadeter Musiker, Poet oder als Lehrer für hypersensible Kinder bis hin zum spirituellen Sterbebegleiter ist alles drin. Eibe-Geborene müssen früher oder später einen Weg finden, diese feinfühlige Gabe zu kanalisieren und neue Wege für ihren Ausdruck zu finden. Dabei stabilisiert sich ihr sensibles seelisches Gleichgewicht, und sie finden Halt in dieser Welt der Materie.

Weiters dienen sie dabei auch ihren Mitmenschen, welche sich nach ihrem tiefen Mitgefühl und ihrer Wärme sehnen, gerade in Zeiten, in denen sie vom Leben an die Grenzen ihres Verstehens geführt werden und Lebenskrisen sie an den Rand des Abgrunds führen. Oft wurden Eibe-Menschen im Laufe ihres Lebens selbst von ihren persönlichen Erfahrungen mit dem Tod sehr stark geprägt. Dies ermöglicht es ihnen, als Bindeglied zwischen dem Diesseits und dem Jenseits zu fungieren, indem sie ihre innere Weisheit an jene Menschen weitergeben, welche sich von einem geliebten Menschen verabschieden mussten und mitfühlenden Beistand bei ihrem Loslassprozess benötigen.

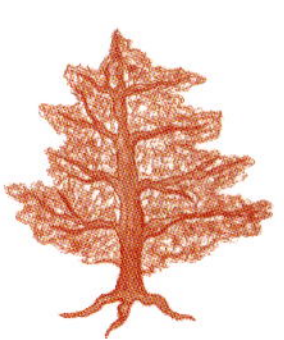

Quintessenz – Das Wesentliche in fünf Sätzen

Je sensibler und feinfühliger das Innere, um so härter und kühler erscheint oft Ihre Fassade. Diese Aussage trifft sehr häufig auf Eibe-Geborene zu. Aus Schutz vor der harten Realität flüchten Sie sich gerne hinter die selbst errichteten Mauern gekennzeichnet von Zynismus und Sarkasmus, Zigaretten und Alkohol und andere Suchtmittel. Sie sollten lernen, dass diese Flucht letztendlich zwecklos ist und Ihnen nur vorrübergehend Erleichterung verschafft. Im Ausdruck Ihrer Kreativität und im Sein mit der Natur finden Sie einen Anker, der Sie in Ihr inneres Gleichgewicht zurückführt und Ihnen emotionale Stabilität schenkt.

Heilwirkung

Außer den roten Samenmanteln ist alles an der Eibe giftig. Paracelsus` berühmtem Ausspruch »Die Dosis macht das Gift« zufolge wirkt sie aber in Spuren als Herztonikum und krebshemmende Substanz.

Lebensbaumkraft

Die kreative Kraft der Sensibilität.

Zitate einer Eibe-Persönlichkeit

»Wir streben mehr danach, Schmerz zu vermeiden als Freude zu gewinnen.«

»In dem Augenblick, in dem ein Mensch den Sinn und den Wert des Lebens bezweifelt, ist er krank.«

Sigmund Freud
Österreichischer Neurologe und Begründer der Psychoanalyse

Die Kastanie

15. – 24. Mai und 12. – 21. November

Elementfamilie: Erde

Gaben und Talente

Offen, mutig, spontan, begeisterungsfähig, abenteuerlustig, redlich, selbstkritisch, konsequent, anpassungsfähig, geduldig, geradlinig, hilfsbereit, dienend, tatkräftig, ausgeprägter Sinn für Gerechtigkeit, sparsam, verlässlich.

Carpe Arborem

»Mich mit Mitgefühl für mein inneres Wesen zu öffnen, gibt mir Zuversicht und Kraft zu verlassen die alten Pfade, um auf neuen Wegen mein wahres Ziel zu finden.«

Symbolik

Die Kastanie ist ein Symbol für Pflichtbewusstsein und Offenheit seiner Umwelt gegenüber.

Ihr Weg durchs Leben

Kastanie-Geborene zählen zur Erdelementfamilie. Das Erdelement verleiht ihnen ihr hilfsbereites und verantwortungsbewusstes Wesen. Wie bei der Kastanie, so verbirgt sich bei den Menschen mit diesem Lebensbaum hinter der nach außen hin stacheligen und harten Schale ein weicher und feinfühliger Kern. Kastanie-Persönlichkeiten zählen zu den Diszipliniertesten, Strebsamsten und Bodenständigsten des Baumkreises und verwirklichen sich selbst, indem sie sich in eine Gemeinschaft, mit der sie sich persönlich identifizieren, nützlich einbringen, um dort zum Wohle aller dienen zu können. Ihr Talent verwirklichen sie daher in allen sozialen Berufen, wo sie innerhalb einer größeren Gruppe von Gleichgesinnten ihren Beitrag leisten können, etwa bei der Rettung und

Die authentische Kraft des reinen Humors

Feuerwehr, aber auch in Berufen der Exekutive wie Polizei und Justiz.

Sie neigen aber dazu, ihre Identität, ihr wahres gefühlvolles Wesen zu Gunsten anderer zu verdrängen und sich ihre Individualität beschneiden zu lassen. Dies äußert sich häufig in selbstzerstörerischen, radikalen und starrsinnigen Handlungsweisen. Von einem einmal gewählten Weg oder Ziel wird nicht abgelassen, selbst wenn sie auf dem Weg erkennen, dass es für sie von Vorteil gewesen wäre, eine neue Wahl zu treffen, weil sie dieser Weg nicht an ihr erhofftes Ziel bringen wird. Um sich selbst etwas Gutes zu tun, sollten Kastanie-Geborene lernen, öfter mal mit Humor, nicht zu verwechseln mit Zynismus oder Sarkasmus, und Ehrlichkeit sich selbst gegenüber aus sich herauszugehen und über sich selbst herzhaft und mitfühlend zu lachen. Das ist wie Balsam für ihre Seele, wirkt heilend und wird ihr wahres, authentisches Wesen wieder Schritt für Schritt zum Vorschein bringen. Ihr Leben darf auch einmal leicht sein, sie müssen sich nicht den schwereren Weg wählen, um nützlich zu sein.

Quintessenz – Das Wesentliche in fünf Sätzen

Ihre Lernaufgabe besteht darin, sich bei wichtigen Entscheidungen die Frage zu stellen, ob Sie diese wirklich für sich treffen, um sich selbst glücklich zu machen, oder ob Sie versuchen, den Ansprüchen anderer Menschen, seien es Ihre Eltern oder Vorgesetzten, gerecht zu werden. Es gilt zu erkennen, dass es von Größe zeugt, sich auch Fehler und Irrwege einzugestehen, anstatt sie radikal und bis zum Ende durchzuziehen. Ziele geben Ihnen ein Gefühl der Sicherheit und einen Sinn im Leben, und Sie sollten lernen, diese mit Bedacht zu wählen – und denken Sie dabei ruhig größer.

Wie das Sprichwort schon sagt: »Lachen ist die beste Medizin.« So wirkt Lachen über sich selbst und das Leben wie Seelenbalsam für selbstkritische Kastanie-Geborene und heilt Ihre alten Wunden. Wichtig für Sie ist, ein Gefühl dafür zu bekommen, wo

Ihre Geradlinigkeit angebracht und dienlich ist, und wo Sie mit ihr Ihre Mitmenschen unter Druck setzen und damit ihre Grenzen überschreiten.

Heilwirkung

Aus Samen, Borke, Blättern und Blüten werden Grundstoffe für die pharmazeutische Industrie gewonnen. Diese Wirkstoffe haben eine gefäßverstärkende und entzündungshemmende Wirkung und werden zur Behandlung von Magen- und Darm-Geschwüren und Hämorrhoiden eingesetzt.

Lebensbaumkraft

Die authentische Kraft des reinen Humors.

Zitat einer Kastanie-Persönlichkeit

> *»Wir sind verantwortlich für das, was wir tun, aber auch für das, was wir nicht tun.«*

Voltaire
Französischer Lyriker, Dramatiker und Epiker und Wegbereiter der Französischen Revolution

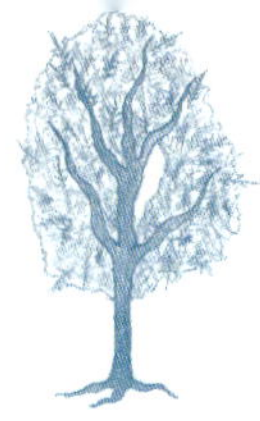

Die Esche

25. Mai – 3. Juni und 22. November – 1. Dezember

Elementfamilie: Luft

Gaben und Talente

Unkonventionell, belastbar, impulsiv, sprudeln vor Energie, kompromissfähig, leisten Ungewöhnliches, Fähigkeit zu heilen, kreativ und künstlerisch begabt, reisefreudig, inspirierend, stehen anderen ermutigend zur Seite.

Carpe Arborem

»Durch den Ausdruck der Kreativität in mir finde ich Vertrauen in meine Kraft, die Heilung in mir und um mich herum erschafft.«

Symbolik

Die Kelten schrieben der Esche die Macht zu, sowohl den Regen herbeizuholen als auch die oft zerstörerische Kraft des Wassers einzudämmen und zu bannen. Dank ihres langen und sehr dichten Wurzelwerkes dient sie heute wie damals zur natürlichen Befestigung von Uferböschungen. Da ihr Holz, welches zugleich hart und elastisch ist, zur Anfertigung ihrer Bogen und Speeren diente, wurde die Esche zum Symbol für die Verteidigung persönlicher Freiheit.

Ihr Weg durchs Leben

Esche-Geborene zählen zur Luftelementfamilie. Das Element Luft verleiht ihnen ihre beflügelnde Leichtigkeit, mit der sie durchs Leben tanzen, und ihre mitreißende Lebensfreude. Sie sind Energiebündel, die vor pulsierender Lebenskraft nur so sprudeln. Das bringt eine Dynamik in alle ihre Beziehungen. Diese Dynamik wird von vielen in ihrem Umfeld mit Begeisterung angenommen. Doch bei manchen stoßen sie damit auf massiven Widerstand,

vor allem bei jenen, die eine gewisse Trägheit mitbringen und denen es schwerfällt, sich zu verändern. Die Wörter »Ruhe« oder »Stillstand« sind vor allem in der ersten Lebenshälfte ein Fremdwort für sie.

So wie der Fluss ständig fließt und sich neue Weg bahnt, so ziehen diese auch sehr reisefreudigen Freigeister, mal als Einzelgänger und mal als Gruppenführer, durch die Welt, immer auf der Suche nach mehr Unabhängigkeit, nicht nur auf materieller, sondern auch auf geistiger Ebene. Diese Tatsache ist ein Grund dafür, warum es sie beruflich häufig in die Selbständigkeit zieht. Oder sie finden einen Beruf, in dem sie einen möglichst großen Spielraum für ihre kreativen Ideen haben und selbständige Entscheidungen treffen können. Vom Sänger, Schauspieler, Leistungssportler bis zum Heiler sind ihnen beruflich keine Grenzen gesetzt.

Esche-Menschen sind allzeit bereit, sich von allem zu lösen, was sie bei ihrem Voranschreiten bremsen oder gar hindern will, denn sie sehnen sich nach einem abwechslungsreichen Leben und den Berg- und Talfahrten ihrer sehr ausgeprägten Gefühlswelt. Um sich leichter von lange angestauter Wut und den daran geknüpften Selbstzerstörungsprogrammen zu befreien, sollten sie sich entscheiden, ihre »Waffen« niederzulegen, und lernen, diese starke Energie stattdessen in schöpferische und heilende Bahnen zu lenken. Sie müssen erkennen, dass mit zunehmender Unabhängigkeit im selben Maße die (Eigen-)Verantwortung in ihrem Leben zunimmt. So lernen sie, die Verantwortung und die damit einhergehenden Konsequenzen für ihr Denken, Fühlen und Handeln zu übernehmen.

Esche-Geborene haben meist einen ungewöhnlichen Lebensrhythmus, in dem für die sogenannten »alltäglichen Kleinigkeiten« des Lebens wie Putzen und Waschen keine Zeit übrig zu bleiben scheint. Doch obwohl ihnen ein eher chaotisches und unstrukturiertes Wesen innewohnt, entpuppen sie sich im Laufe ihres Lebens als bemerkenswerte Führungspersönlichkeiten. Sie schaffen Ausgleich innerhalb einer Gruppe und erspüren das

individuelle Potential der einzelnen Gruppenmitglieder. Ausgerichtet auf ein gemeinschaftliches Ziel mit den vereinten Kräften einer Gruppe erreichen Esche-Geborene Außergewöhnliches, was sie im Alleingang nicht zu schaffen vermochten.

Quintessenz – Das Wesentliche in fünf Sätzen

Wie das Holz der Esche hart und elastisch zugleich ist, besteht eine Ihrer Lernaufgaben darin, veraltete Verhaltensmuster und starre Gewohnheiten fallenzulassen, um sich Ihre Flexibilität im Leben zu bewahren. Tun Sie das nicht, beschränken Sie sich damit selbst in der Fülle Ihrer Möglichkeiten und der damit verbundenen Freiheit und Leichtigkeit in Ihrem Leben.

Beim Umsetztten von Projekten sollten Sie lernen, die Kraft der Gruppe zu fokussieren und zu lenken; so lässt sich jedes, auch das unerreichbar scheinende Ziel zum Wohle aller mit Leichtigkeit und Freude erreichen. Sie sollten Wege finden, die in Ihnen brodelnde Energie zu kanalisieren und ihr zu einem konstruktiven (Sport, Kunst, Heiler) anstatt (selbst-)zerstörerischen Ausdruck zu verhelfen. Wut und Aggression sind lediglich der Ausdruck des unterdrückten Gegenpols von Kreativität, Vitalität und purer Schöpferkraft.

Heilwirkung

Eschezubereitungen wirken gegen Gicht und Rheuma, blutreinigend, wundheilend, wassertreibend und abführend, und ihre Samen stärken Leber und Milz.

Lebensbaumkraft

Die vorantreibende Kraft der Unabhängigkeit.

Zitat einer Esche-Persönlichkeit

> *»Nicht wie der Wind weht, entscheidet, ob du dein Ziel erreichst, sondern wie du deine Segel setzt«.*

J. F. Kennedy, 35. Präsident der Vereinigten Staaten

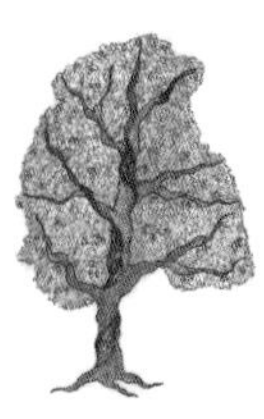

Die Hainbuche

4. – 13. Juni und 2. – 11. Dezember

Elementfamilie: Feuer

Gaben und Talente

Ästheten, ausgeprägter Sinn für Gerechtigkeit, zuversichtlich, sensibel, diszipliniert, zuverlässig, kämpferische Beharrlichkeit, robust, fleißig, verantwortungsbewusst, realistisch.

Carpe Arborem

»Wenn mein Verstand sich zum Richter erhebt, aktiviere ich mit Mitgefühl die Kraft in mir, die jegliches Urteil zu heilen vermag.«

Symbolik

Die Hainbuche, auch Weiß- und Hagebuche genannt, zählte bei den Kelten, gemeinsam mit dem Holunder und der Hasel, zu den magischen Hölzern der weisen Frauen, welche die Verbindung zur Weisheit der Göttin hatten und als Heilerinnen im Volk tätig waren. Als das Christentum Einzug hielt, wurden diese heil- und kräuterkundigen Frauen als Hexen und Verbündete des Teufels verfolgt und verbrannt. Ein lebender Zaun aus Hainbuchen schützt ein Haus nicht nur physisch, sondern auch energetisch und stellt gleichzeitig eine symbolische Grenze zwischen der sichtbaren und den unsichtbaren Welten dar. Der Volksmund verlieh ihr aufgrund der enormen Zähigkeit und Härte ihres Holzes den Namen »Eisenbaum«.

Ihr Weg durchs Leben

Hainbuche-Geborene zählen zur Feuerelementfamilie. Das Feuerelement verleiht ihnen eine enorme Antriebskraft und ihre lebensbejahende Einstellung. Sie sind sehr bodenständig, dominant und im wahrsten Sinne des Wortes aus hartem Holz

Die naturverbundene Kraft der universellen Gerechtigkeit

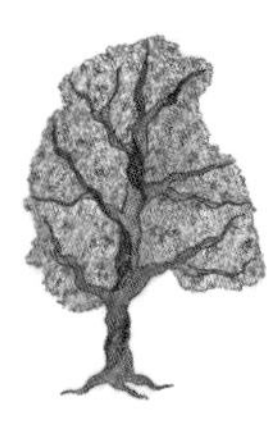

geschnitzt. Neben der Kiefer und dem Haselbaum zählen sie sowohl körperlich und geistig als auch seelisch zu den widerstandsfähigsten Lebens-Bäumen des keltischen Baumkreises. Ihnen wohnt die Gabe inne, ihren Blick ausschließlich auf das Positive im Leben zu richten, also den Sinn und die größere natürliche Ordnung hinter den Ereignissen zu erfassen. Daher gelingt es ihnen, in einem Rückschlag, der für andere Menschen ein schweren Schicksalsschlag wäre, lediglich eine weitere Herausforderung des Lebens zu sehen, welche sie letztendlich zu ihrem Vorteil lenken. Meist können sie daraus sogar noch einen Gewinn für sich ziehen, denn die Hainbuche-Menschen erkennen meist schon sehr früh, dass es nicht die äußeren Umstände und Gegebenheiten sind, die es vermögen, den menschlichen Lebenswillen zu brechen, sondern einzig und allein der Mensch selbst, wenn er aufhört, an seine Begabungen und Talente zu glauben. Diese Lebenshaltung lässt der Hainbuche die Bewunderung ihrer Umwelt zuteil werden, welche sie in vollen Zügen zu genießen weiß.

Ihre Kraft beziehen sie aus der Natur, welche sie in all ihre Lebensbereiche mit einbeziehen sollten. Gelingt Hainbuche-Persönlichkeiten die Meisterschaft, vom richtenden Verstand in ihr mitfühlendes Herz zu gelangen, werden sie zugleich zum Segen und Heiler für sich selbst und ihre Mitmenschen, für deren Anliegen sie immer ein offenes Ohr haben und meist auch gleich ein ungewöhnliches Heilmittelchen oder Ratschlag aus dem Ärmel zaubern, dessen Wirkung die Anwender dann oft in Erstaunen versetzt.

Aufgrund ihrer Talente sind Hainbuche-Persönlichkeiten entweder in Berufen anzutreffen, wo ihr Sinn für Ästhetik zum Einsatz kommen kann, als Designer, Stylist oder Raum- und Gartengestalter, oder in Berufen, welche das Gesetz vertreten, wie Justiz und Finanzen. Stimmt ihre Art der Vorstellung von Gerechtigkeit jedoch nicht mit den gültigen Gesetzen überein, scheuen sie sich nicht, diese in Frage zu stellen und anzuprangern.

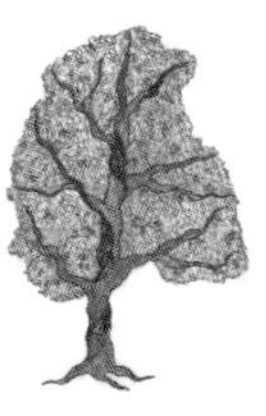

Quintessenz – Das Wesentliche in fünf Sätzen

Die Lernaufgabe für die harte Hainbuche liegt darin, weich und empfänglich für die Gefühlswelt ihrer Mitmenschen zu werden und ihnen mit ihrer überquellenden positiven Lebenseinstellung mit Rat und Tat zur Seite stehen. Sie sollten erkennen, dass es keine endgültige Gerechtigkeit gibt. Sie sind auch nicht der Vollstrecker Ihrer eigenen Vorstellung von Gerechtigkeit. Die Lösung ist, nicht mit dem Verstand zu urteilen, sondern mit der mitfühlenden Kraft Ihres Herzens neue und kreative Lösungsmöglichkeiten zu finden, die allen Beteiligten dienen. Sie sind Meister im Wahren und Verteidigen Ihrer persönlichen Grenzen und dürfen lernen, Ihre Gefühle auch anderen Menschen zu offenbaren, denen Sie nur allzu oft ein Rätsel sind.

Heilwirkung

Als Heilpflanze wird die Hainbuche in der Bach-Blütentherapie gegen Übermüdung und Erschöpfung und in der traditionellen Medizin nach Hildegard von Bingen gegen weiße Hautflecken eingesetzt.

Lebensbaumkraft

Die naturverbundene Kraft der universellen Gerechtigkeit.

Zitat einer Hainbuche-Persönlichkeit

> *»Der Verstand fürchtet sich ständig. Im Grunde fürchtet er sich nur vor einem: dem Herzen. Denn der Verstand ist im Körper eigentlich nur als Hilfsdiener eingesetzt, doch hat er es geschafft, zum Geschäftsführer zu werden. Doch der eigentliche Meister ist das Herz.«*

Osho
Indischer Philosophieprofessor und
Begründer der Neo-Sannyas-Bewegung

Der Feigenbaum

14. – 23. Juni und 12. – 21. Dezember

Elementfamilie: Erde

Carpe Arborem

»Die Ruhe und Harmonie der Natur inspirieren und aktivieren meine Schöpferkraft.«

Gaben und Talente

Gelassen, naturverbunden, Ruhepol, weltoffen, tolerant, intuitiv, fleißig, empfindsam, phantasievolle Kreativität, bereit zu geben, schnelle Auffassungsgabe, suchen nach Geborgenheit, Familienmenschen.

Symbolik

In vielen Kulturen ist der Feigenbaum ein Symbol für Glück und Wohlstand, in der Bibel wird er zum Sinnbild unseres Seelenfriedens, ebenso wie er im Buddhismus als Baum der Erleuchtung gesehen wird.

Ihr Weg durchs Leben

Feigenbaum-Geborene zählen zur Erdelementfamilie. Das Erdelement verleiht ihnen ihre Bodenständigkeit, ihre starke Naturverbundenheit und inneren Frieden. Ihre Mitmenschen empfinden sie daher häufig als sicheren Hafen, in dessen Nähe sie sich sicher und geborgen fühlen. Die sensible Natur des Feigenbaums verleiht den Menschen mit diesem Lebensbaum ein empfindsames, intuitives und kreatives inneres Wesen, welches im Leben viel Freiraum zur Entfaltung seines Gefühlsausdruckes durch schöpferische Aktivitäten in künstlerisch-kreativen Bereichen benötigt. Aus Angst, verletzt zu werden, verbergen sie oft ihr weiches Inneres hinter einer oft kühlen und distanzierten Maske oder

Die fantasievolle Schaffenskraft der Empfindsamkeit

betäuben ihre Sinne mit »Genussmitteln« und Ablenkungen jeglicher Art. Finden sie Zugang zu ihren Gefühlen und ihren inneren Frieden, werden sie zu einer fruchtbaren Bereicherung für ihr gesamtes Umfeld.

Feigenbaum-Geborene möchten mit allen ihren Sinnen tief in das Leben eintauchen und sind daher wahre Meister im Genießen von sinnlichen, ästhetischen und kulturellen Erlebnissen. Daher stellt sich ihnen oft die Herausforderung des Maßhaltens, denn sie schwanken häufig zwischen zwei Extremen hin und her, wie zu viel oder zu wenig Essen, Bewegung, Arbeit, Ruhephasen und vieles mehr. Ein angemessenes Maß für alle ihre Lebensbereiche zu finden und dieses Gleichgewicht zwischen Aktivität und Passivität zu halten, darin zeigt sich ihre Meisterschaft.

Feigenbaum-Geborene sind wahre Menschenmagneten, welche ihren großen Freundes- und Bekanntenkreis um sich scharen, während sie bei diesen Zusammentreffen auch gerne im Mittelpunkt stehen.

Gibt es Probleme oder Krisen, sind sie die erste Anlaufstelle in ihrem Freundeskreis, denn sie haben immer ein offenes Ohr, sind geduldige Zuhörer und Friedensstifter.

Als Familienmenschen lieben es Feigenbaum-Persönlichkeiten, sich um ihre Lieben zu kümmern. Sie neigen dazu, ihr Umfeld, ihre Familie und Freunde rund um die Uhr zu bedienen. Dabei verausgaben sie sich häufig und fühlen sich dann müde und erschöpft. Ihr Umfeld hingegen reagiert auf ihre gutgemeinte Überfürsorge letztlich genervt und gereizt, oder mancher nutzt sie aus.

Feigenbaum-Menschen haben ein großes Harmoniebedürfnis und versuchen daher, jeglichen Konflikt zu vermeiden, indem sie negative Gefühle nicht herauslassen und stattdessen in sich hineinfressen.

Sei es als Künstler, Bauer oder Koch, Feigenbaum-Geborenen stehen dank ihres handwerklichen Geschicks und ihrer Leidenschaft viele Wege offen. Mit den Menschen und für die Menschen, so könnte der Werbeslogan für Feigenbaum-Persönlichkeiten lauten. So bringen sie mit Feingefühl und Phantasie Frieden und Harmonie in diese Welt, wohin auch immer sie das Leben führt. Und obwohl es Menschen mit diesem Lebensbaum immer in die große weite Welt hinauszieht, so kehren sie auch immer wieder gerne in ihr warmes und gemütliches Zuhause und zu ihren Lieben zurück. Natur und Familie, daraus schöpfen sie ihre Kraft und finden die Geborgenheit, nach der sie sich tief im Innersten sehnen.

Quintessenz – Das Wesentliche in fünf Sätzen

Auch Konflikte dürfen sein. So wie ein Gewitter die Luft reinigt, sind diese ganz natürlich und gehören zum Leben dazu. Wichtig ist dabei, die Gefühle ehrlich beim Namen zu nennen, denn das sorgt für Erleichterung bei Ihnen selbst und ermöglicht gleichzeitig eine Veränderung der gesamten Situation. Das rechte Maß zu finden, um die Gefühlswelt ins Gleichgewicht zu bringen, hat für Feigenbaum-Geborene Priorität. Auf sich selbst achten und die eigenen Bedürfnisse zuerst stillen lernen, indem Sie Ihrer Kreativität Ausdruck verleihen, ist der Weg, der ihnen neu Kraft und Schwung verleiht.

Heilwirkung

Die weiße Milch des Feigenbaumes wird zur Linderung bei Insektenstichen und zur Beseitigung von Warzen angewendet. Die Feige selbst wirkt antibakteriell, leberstärkend und hilft bei Verstopfung, Geschwüren und Hautausschlägen.

Lebensbaumkraft

Die fantasievolle Schaffenskraft der Empfindsamkeit.

Zitat einer Feigenbaum-Persönlichkeit

> *»Wenn wir allein träumen, bleibt es meist nur ein Traum. Doch wenn viele gemeinsam träumen, ist es der Beginn einer neuen Wirklichkeit.«*

Friedensreich Hundertwasser
Österreichischer Künstler und selbsternannter »Architekturdoktor«

Die Birke

24. Juni – Johanni (Fest der Sommersonnenwende)

Elementfamilie: Wasser

Gaben und Talente

Starker Gemeinschaftsglauben, hilfsbereit, bescheiden, charismatische Ausstrahlung, zuversichtlich, strebsam, gelassen, widerstandsfähig, selbstkritisch, pflicht- und verantwortungsbewusst, weise, intuitiv.

Carpe Arborem

»Ich bin Träger des Lichts und bringe dich zum Strahlen, um dich und deine Umwelt von alten Lasten und unbewussten Seelenqualen zu befreien.«

Symbolik

Sie nimmt ihren Platz am dritten Tag nach der Sommersonnenwende ein und markiert die längsten Tage und kürzesten Nächte des Jahres. In vielen Kulturen ist die Birke ein magischer Baum, der in der Lage ist, Unheil abzuwenden. Sie ist der erste Baum des keltischen Baumalphabets und steht für Neubeginn und den Aufstieg zu einer höheren Ebene. Die Birke unterstützt die Magie und ist ein Sinnbild für Freude, Schönheit und die schöpferische Kraft der Liebe, an die uns ihre herzförmigen Blätter erinnern.

Ihr Weg durchs Leben

Birke-Geborene zählen zur Wasserelementfamilie. Das Element Wasser verleiht ihnen ihr einfühlsames und beschützendes Wesen. Wenn eine Birke-Persönlichkeit den Raum betritt, entsteht bei den Anwesenden ein Gefühl, als würde die Sonne in diesem Moment aufgehen und sie sanft mit ihren wärmenden und kraftspendenden Strahlen berühren. Denn sie ist die Trägerin des Lichts,

Die lichtbringende Kraft der
dankbaren Bescheidenheit

die mit ihrer anmutigen und charismatischen Ausstrahlung das Licht in den Herzen der Menschen wieder entzündet und zum Leuchten bringt. Mit ihrer tiefen Dankbarkeit für das Leben selbst, welche sie im Herzen tragenn sind Birke-Geborene Inspiration und Unterstützung für ihre Mitmenschen und dienen gerne in Gemeinschaften, welche sich positive Ziele gesetzt haben.

Am wohlsten fühlen sie sich im kleinen und vertrauten Kreise ihrer Familie. Dort, unter vertrauten Menschen, sind sie auch gefordert, ihr starkes Bedürfnis nach Kontrolle und (Selbst-)Kritik aufzugeben und allen Emotionen wieder freien Lauf zu lassen. Vor allem aber dürfen sie lernen, »ihr Licht nicht unter den Scheffel zu stellen«, sondern für die Menschen zu strahlen und endlich anfangen, sich selbst für ihre herausragenden Leistungen zu loben, auch wenn diese auf den ersten Blick für sie nicht als solche erkennbar sind.

Birke-Persönlichkeiten schenken ihren Mitmenschen Kraft und Beistand, um in schwierigen Lebenssituationen neue Wege gehen zu können.

Sie sind Führungspersönlichkeiten mit einem großen Herz und einem scharfen Verstand, und ihre herausragenden Qualitäten lassen sich in allen sozial engagierten Berufen verwirklichen, vom Kindergärtner, Lehrer, Sterbebegleiter bis hin zum Manager von großen Organisationen, welche dem Gemeinwohl von Menschen dienen.

Quintessenz – Das Wesentliche in fünf Sätzen

Ihre Lernaufgabe besteht darin, mehr Abstand zu Ihren persönlichen, meist sehr emotionalen Dramen im Leben zu gewinnen. Die Lösung liegt aber nicht darin, sich in Ihren Kopf zu flüchten und wesentliche Entscheidungen mit dem Verstand zu treffen, sondern vielmehr darin, Ihr Herz zu öffnen, damit die heilsame Kraft des Mitgefühls für sich selbst und Ihre Mitmenschen wieder fließen kann.

Ganz gleich, ob im Beruf oder in der Familie, das Wesen der Birke-Geborenen setzt Prozesse in Gang und bringt Altes und Starres in Bewegung und Verborgenes ans Licht. Eine weitere Lernaufgabe liegt im Loslassen oder, anders gesagt, im Aufgeben der Kontrolle, an deren Stelle Vertrauen tritt.

In dem Maße, wie Sie lernen, loszulassen und dem Leben zu vertrauen, verringert sich auch Ihr Bedürfnis, alles kontrollieren und beschützen zu müssen.

Heilwirkung

Tee und Saft der Birke sind ein natürliches Schönheitstonikum, sie wirken anregend auf Galle und Niere, stimmungsaufhellend und befreien von geistiger Starrheit. Andere Bestandteile der Birke kommen auch in der Homöopathie zum Einsatz.

Lebensbaumkraft

Die lichtbringende Kraft der dankbaren Bescheidenheit.

Zitat einer Birke-Persönlichkeit

»Die moderne Forschung wird sich in Zukunft noch mehr als bisher am menschlichen Gewissen zu orientieren haben.«

Victor Franz Hess
Österreichischer Physiker und 1934 Nobelpreisträger für Physik
für die Entdeckung der kosmischen Strahlung

Der Apfelbaum

25. Juni – 4. Juli und 23. Dezember – 1. Januar

Elementfamilie: Erde

Gaben und Talente

Sensibel, hilfsbereit, geduldig, offen bedingungslos zu lieben, mitfühlend, dienend, gebend, charmant, intuitiv, ideenreich, schaffen Ausgleich, positive und charismatische Ausstrahlung.

Carpe Arborem

»Mit Liebe und Mitgefühl, für mich selbst und andere, schaffe ich Ausgleich und Harmonie.«

Symbolik

Der Apfelbaum ist in den meisten Kulturen ein Sinnbild für Liebe, Fruchtbarkeit, Erkenntnis und für den inneren Reichtum. Bei den Kelten zählte er zu den heiligen Bäumen und symbolisierte Liebe und Unsterblichkeit. Eine alte keltische Legende erzählt von einem Apfelbaum, welcher in Avalon, dem keltischen Paradies, steht und dessen Früchte Unsterblichkeit verleihen.

Ihr Weg durchs Leben

Apfelbaum-Geborene zählen zur Erdelementfamilie. Das Erdelement verleiht ihnen die Gabe des einfühlsamen Vermittlers. Als Botschafter einer Liebe, welche nicht an Bedingungen geknüpft ist, suchen und finden die sehr charismatischen Apfelbaum-Persönlichkeiten stets Gelegenheiten und Wege, welche die Menschen zusammenführen und vereinen, statt sie zu trennen und zu bewerten. Dabei hilft ihnen ihre Fähigkeit, die wesentlichen Gemeinsamkeiten herauszufinden, zu betonen und zum besseren Verständnis in das Licht des Betrachters zu rücken. Sie schenken Liebe und Geborgenheit und sind stets bereit, sich voll und ganz

hinzugeben. Doch da sie, dem Feigenbaum, der Eibe oder auch der Ulme ähnlich, einen sehr sensiblen Energiehaushalt besitzen, ist es für sie wichtig zu lernen, rechtzeitig und auf liebevolle Art und Weise Grenzen zu setzen. Das bedeutet auch einmal nein zu sagen, um auf ihr persönliches körperliches und seelisches Wohlbefinden zu achten.

Diesbezüglich werden Apfelbaum-Geborene von ihrer Umwelt immer wieder aufs Neue geprüft und vor die Herausforderung gestellt zu erkennen, dass Aufopferung für andere nichts mit Liebe gemein hat, und wo ihre Grenzen liegen. Denn wenn es ihnen selbst nicht mehr gutgeht und sie sich ausgelaugt fühlen, haben sie auch keine Kraft mehr, um ihren Mitmenschen etwas Gutes zu tun.

Quintessenz – Das Wesentliche in fünf Sätzen

Ihre Lernaufgabe liegt darin zu erkennen, die Liebe und Anerkennung nicht in Ihrem Umfeld zu suchen, sei es im Beruf, der Familie und im Freundeskreis. Dadurch manchen Sie sich selbst abhängig von den Gefühlsschwankungen Ihrer Mitmenschen. Durch dieses Verhalten verausgaben Sie sich und verlieren Ihre Kräfte. Die Lösung besteht darin, die Quelle der Liebe und Selbstliebe in sich zu finden. Dadurch finden Sie in Ihre Balance und sind deshalb in der Lage, bei zwischenmenschlichen Konflikten Verständnis auf beiden Seiten zu schaffen.

Heilwirkung

Äpfel stärken den Stoffwechsel, regen die Blutbildung, die Entgiftung und den Fettstoffwechsel an und regulieren die Verdauung. Apfelschalentee wirkt fiebersenkend, ausgleichend auf das Nervensystem und regt die Blasen-Nierentätigkeit an.

Lebensbaumkraft

Die einende Kraft der bedingungslosen Liebe.

Zitat einer Apfelbaumpersönlichkeit

»Es bleibt zwischen Menschen, sie seien noch so eng verbunden, immer ein Abgrund offen, den nur die Liebe, und auch nur mit einem Notsteg, überbrücken kann.«

Hermann Hesse
Deutscher Schriftsteller und Dichter

Die Tanne

2. – 11. Januar und 5. – 14. Juli

Elementfamilie: Wasser

Gaben und Talente

Vorausschauend, selbstbewusst, prüfend, zuverlässig, stark mitfühlend, abgrenzend, sehr sensible Wahrnehmung, spontan, kreativ, Beschützerin, außergewöhnliche Ausstrahlung, sehr bedacht, anspruchsvoll, unabhängig.

Carpe Arborem

»Ich fasse Mut, meine Verletzlichkeit zu zeigen, und gewinne dadurch mein Vertrauen in mich und das Leben Stück für Stück zurück.«

Symbolik

Als »Königin der Wälder«, wie die mächtige Tanne vom keltischen Volk genannt wurde, war sie ein Sinnbild für Schönheit, Größe und Weitsicht.

Ihr Weg durchs Leben

Tanne-Geborene zählen zur Wasserelementfamilie. Das Element Wasser verleiht ihnen flexibles Organisationstalent und ein tiefes Vertrauen ins Leben selbst. Sie strahlen Anmut, Würde und Selbstsicherheit aus. Dies ist oft auch einer der Gründe dafür, warum sie von den Menschen in ihrer Umgebung oft als unnahbar, distanziert oder vielleicht sogar ein bisschen arrogant wahrgenommen werden. Doch hinter dem kühlen Auftreten dieser Führungspersönlichkeiten verbirgt sich ein großes, sehr sensibles Herz, gefüllt mit Liebe und bereit zu geben. Die Herausforderung in ihrem Leben besteht nämlich darin, ihr großes Herz für sich und ihre Mitmenschen zu öffnen, damit sie sich selbst mit allen

Die schützende Kraft des (Ur-)Vertrauens

ihren Gefühlen wieder bewusst wahrnehmen und spüren lernen. Dadurch gewinnen sie immer mehr Vertrauen in den natürlichen Fluss des Lebens.

Tanne-Persönlichkeiten benötigen eine große Portion Mut, um über ihren eigenen Schatten zu springen und ihre vermeintlichen Schutzmauern niederzureißen. Durch diese Schutzmauern verschließen sie sich auch der Liebe und dem Mitgefühl jener Menschen, für die ihr Herz schlägt und nach denen sie sich so sehr sehnen. Doch wenn sie Vertrauen fassen und den Sprung in die ungewissen Tiefen ihrer Gefühle wagen, werden sie ihre wahre Größe erkennen und zu einem strahlenden Leuchtfeuer der Zuversicht für ihre Mitmenschen werden.

Tanne-Persönlichkeiten scheuen nicht, Verantwortung zu übernehmen. Aufgrund der Vielzahl an Qualitäten, welche sie in sich tragen, eignen sie sich für alle Berufe, die Vielschichtigkeit und ein hohes Maß an Komplexität mit sich bringen; vom Manager eines Caterings bis hin zum Verwalter einer Schule ist alles drin. Ihre Kreativität und ihr Kontakt zu Menschen und ihr Gespür für sie sollten dabei immer an erster Stelle stehen und dürfen auf keinen Fall zu kurz kommen.

Quintessenz – Das Wesentliche in fünf Sätzen

Nur die Angst trennt Sie von der Tiefe Ihrer Gefühlswelt und der damit verbundenen Macht der Weiblichkeit und dem Urvertrauen ins Leben. Ihre Lernaufgabe besteht darin, wieder in Kontakt mit Ihren Gefühlen zu kommen und diese zu kommunizieren oder kreativ auszudrücken, damit sie Schritt für Schritt wieder ins Fließen kommen. Was Sie daran hindert, ist Ihre Angst davor, die Kontrolle über Ihre Gefühle zu verlieren. Sich dieser Angst bewusst zu werden, nicht gegen sie anzukämpfen, sondern durch sie hindurchzugehen, ist die Lösung. Dadurch werden innere Widerstände aufgehoben, alles Festgefahrene in Ihrem Leben beginnt wieder zu fließen, und Sie können in Ihrem Leben voller Vertrauen voranschreiten.

Heilwirkung

Harz, Nadeln und Knospen werden aufgrund ihrer ätherischen Öle zur Behandlung von Bronchitis, Gicht, Rheuma und Halsentzündungen eingesetzt. Das Räuchern mit ihrem Holz, Nadeln und Harz wirkt raumreinigend.

Lebensbaumkraft

Die schützende Kraft des (Ur-)Vertrauens.

Zitat einer Tanne-Persönlichkeit

> *»Um das Herz und den Verstand eines Menschen zu verstehen, schau nicht darauf, was er erreicht hat, sondern wonach er sich sehnt.«*

Khalil Gibran
Libanesisch-amerikanischer Maler, Philosoph und Dichter

> *»Unsere tiefste Angst ist nicht, dass wir unzulänglich sind, unsere tiefste Angst ist, dass wir unermesslich machtvoll sind. Es ist unser Licht, das wir fürchten, nicht unsere Dunkelheit. Wir fragen uns: ›Wer bin ich eigentlich, dass ich leuchtend, hinreißend, begnadet und phantastisch sein darf?‹ Wer bist du denn, es nicht zu sein? Du bist ein Kind Gottes. … Wir wurden geboren, um die Herrlichkeit Gottes zu verwirklichen, die in uns ist. Sie ist nicht nur in einigen von uns: Sie ist in jedem Menschen. … Wenn wir uns von unserer eigenen Angst befreit haben, wird unsere Gegenwart ohne unser Zutun andere befreien.«*

Marianne Williamson
Amerikanische Autorin und spirituelle Lehrerin

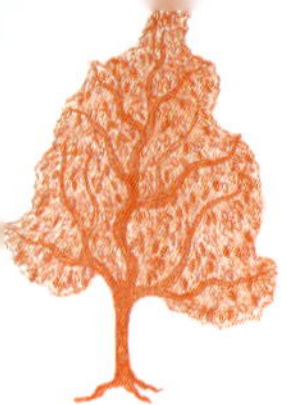

Die Ulme

15. – 25. Juli und 12. – 24. Januar

Elementfamilie: Wasser

Gaben und Talente

Positive Ausstrahlung, kreativ, altruistisch, sozial, tolerant, entschlossen, lebensbejahend, realistisch, zäh, willensstark, gerecht, individuell, bewusstseinerweckend, großmütig, hilfsbereit, voller Lebensfreude.

Carpe Arborem

»Ich erkenne meine Ängste an, nutze sie als Wegweiser, um meinen Wert, das Licht in mir zu entdecken. Mit dem Glauben an mich beginne ich, mutig zu handeln.«

Symbolik

Die Ulme, auch Rüster genannt, galt bei den Kelten als Botin des erwachenden Frühlings und der Natur und wurde zum Symbol für das erwachende Bewusstsein.

Ihr Weg durchs Leben

Ulme-Geborene zählen zur Wasserelementfamilie. Das Element Wasser verleiht ihnen die Gabe ihres unglaublich kreativen Ausdruckvermögens und ihren Erfahrungen eine unglaubliche Tiefe. Diese drängen darauf, gelebt und an ihre Mitmenschen weitergegeben zu werden. Ob in den vielfältigen Bereichen der Kunst oder der Zusammenarbeit mit Menschen jeglichen Alters, besteht ihre besondere Aufgabe darin, ihren Gefühlen auf kreative und individuelle Art und Weise freien Lauf zu lassen. Sie dienen den Menschen, indem sie ihren Reichtum an Erfahrungen und ihre ihnen innewohnende Weisheit an sie weitergeben.

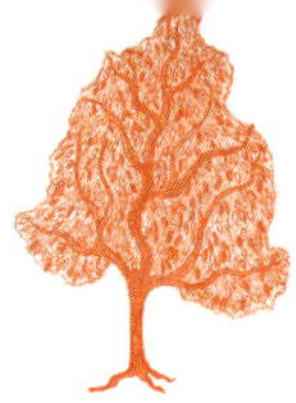

Dabei steht die Ulme-Persönlichkeit vor der Herausforderung, das rechte Maß zwischen Geben und Nehmen zu finden. Auch sollte sie ihre Beweggründe für das Geben und die daran geknüpften Hoffnungen und Erwartungen sorgfältig prüfen. Denn nur das, was sie von ganzem Herzen zum Wohle aller Beteiligten ihrem Gegenüber zu geben bereit ist, wird um ein Vielfaches ohne ihr bewusstes Zutun zu ihr zurückfließen, wenn auch auf anderen Wegen, als sie es vielleicht vermutet. Mit der Zunahme ihres kreativen Selbstausdrucks werden die Ulmen sich selbst des Lichts in sich mehr und mehr bewusst und zu einer strahlenden Persönlichkeit, die es vermag, die Menschen tief im Herzen zu berühren und zu bewegen.

Quintessenz – Das Wesentliche in fünf Sätzen

Die häufigste Frage, die sich Ulme-Geborene im Laufe ihres Lebens stellen, lautet: »Werde ich jemals gut genug sein?« Ihr mangelnder Selbstwert führt zu ständig kreisenden Gedanken, die sie nicht zur Ruhe kommen lassen. Sie legen zu hohe Maßstäbe an sich selbst und an ihre Mitmenschen an, was immer wieder zu Enttäuschungen in ihrem Leben führt. Ihre Lernaufgabe besteht darin, ihren Wert durch ihren kreativen und schöpferischen Selbstausdruck zu finden. Denn indem sie tun, was sie lieben, dienen sie ihren Mitmenschen und der Welt am meisten.

Heilwirkung

Ulmenrinde kann bei chronischen Ausschlägen, Abszessen, Gicht, Rheuma, Fieber und inneren Blutungen angewendet werden, denn ihre Inhaltsstoffe wirken wundheilend und blutreinigend.

Lebensbaumkraft

Die schöpferische Kraft des Selbstwertes.

Zitat einer Ulme-Persönlichkeit

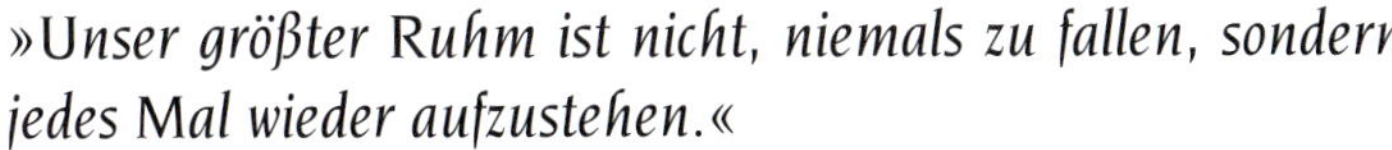

»Unser größter Ruhm ist nicht, niemals zu fallen, sondern jedes Mal wieder aufzustehen.«

»Die Erziehung ist die mächtigste Waffe, die man benutzen kann, um die Welt zu ändern.«

»Für den Erfolg ist nicht ausschlaggebend, wo du beginnst, sondern wie hoch du hinaus willst.«

»Ich habe gelernt, dass Mut nicht die Abwesenheit von Furcht ist, sondern der Triumph darüber. Der mutige Mann ist keiner, der keine Angst hat, sondern der, der die Furcht besiegt.«

Nelson Mandela
Ehemaliger führender Anti-Apartheid-Kämpfer Südafrikas, erster schwarzer Präsident seines Landes und Friedensnobelpreisträger

Die Zypresse

25. Januar – 3. Februar und 26. Juli – 4. August

Elementfamilie: Luft

Gaben und Talente

Wissbegierig, erhaben, intuitiv, zukunftsorientiert, aktiv, sehr individuell, positiv, kontaktfreudig, unabhängig, ideen- und erfolgreich, geheimnisvoll, lieben Kunst und Kultur, (wage)-mutig.

Carpe Arborem

»Ich gewähre dem Licht in mir immer mehr Raum, wage mit Klarheit, meine Ziele zu erreichen, und gewinne dabei immer mehr an innerer Freiheit.«

Symbolik

Die Zypresse ist die Sonnenanbeterin unter den Bäumen. Ihr Wuchs gleicht einer gespitzten Säule, und inmitten der mediterranen Landschaften stehend gleicht sie einem Wegweiser nach oben, der Richtung Himmel weist. In der Mythologie ist sie ein Symbol für die Unsterblichkeit der Seele und ein Leben nach dem Tod.

Ihr Weg durchs Leben

Zypresse-Geborene zählen zur Luftelementfamilie. Das Luftelement verleiht ihnen die Gabe der Individualität und Selbständigkeit. Die meist sehr von der »Norm« abweichenden Lebenswege von Zypresse-Geborenen haben im Grunde genommen eines gemeinsam, nämlich, dass sie zum Erreichen ihres letztendlichen Lebenszieles, eine bewundernswerte, autonome und erfolgreiche Persönlichkeit zu sein, äußerst selten den direkten Weg dorthin wählt. Die kleinen Seitengassen scheinen für sie im Vergleich dazu viel interessanter zu sein, da sie dort vielleicht besondere Bekanntschaften oder andere faszinierende Entdeckungen

Die wegweisende Kraft der Klarheit

machen, die ihnen sonst verborgen geblieben wären. Daher überkommt sie oft das Gefühl, etwas Aufregendes verpassen zu können.

Diese wagemutige und sehr kreative Art und Weise, auf »Umwegen« durchs Leben zu gehen, bereichert Zypresse-Menschen mit einem unglaublichen Erfahrungsschatz, welcher sie zu guter Letzt auch dabei unterstützt, ihre Ziele wirklich zu erreichen. Ganz nach dem Motto »der Weg ist das Ziel«, möchten sie das Leben mit all seinen emotionalen Berg- und Talfahrten auskosten. Sie sind wahre Genießer von Kunst, Kultur, Kulinarik und dem mediterranen Klima.

Genauso sehr, wie sich Zypresse-Persönlichkeiten im Außen nach der Kraft und Wärme der Sonne sehnen und darin baden, wann immer sich die Gelegenheit dazu bietet, so brauchen sie auch des Gefühl von Geborgenheit und Akzeptanz von jenen Menschen, welche sie durchs Leben begleiten. Wesentlich für sie ist die innere Klarheit darüber, wo sie am Ende ankommen möchten. So schreiten sie offen und mutig voran, immer dem Licht entgegen mit dem tiefen Glauben daran, dass das Leben nur hier und jetzt, in diesem Moment stattfindet und ihnen dazu dient, es in seiner vollkommenen Fülle und seinem unglaublichen Reichtum bewusst zu erleben, zu genießen und jeden Tag aufs neue zu zelebrieren.

Ihr beruflicher Wunsch ist eine selbständige Tätigkeit, in welcher sie häufig als Schnittstelle zwischen Menschen aus verschiedensten Bereichen und Kulturen fungiert. Daher sind Zypresse-Persönlichkeiten häufig in Berufen, die mit Kunst, Kultur und Kulinarik in Verbindung stehen, anzutreffen, etwa Reise- oder Museumsführer, Leiter eines Reisebüros aber auch als Musiker und Küchenchef.

Quintessenz – Das Wesentliche in fünf Sätzen

Auffallen um jeden Preis kann in einem Zwang ausarten und verweist auf ein inneres Freiheitsbedürfnis. Dieses Gefühl der

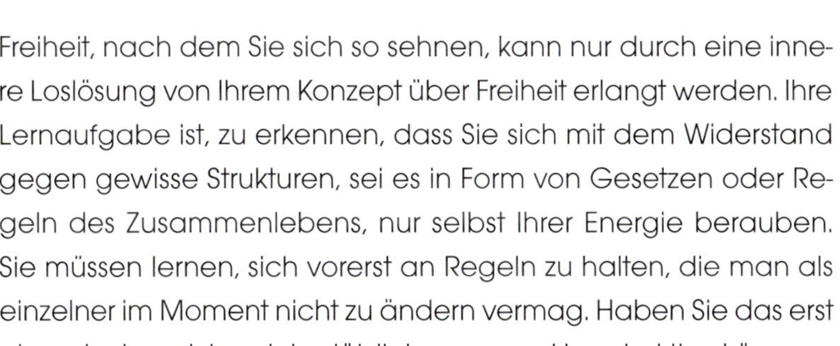

Freiheit, nach dem Sie sich so sehnen, kann nur durch eine innere Loslösung von Ihrem Konzept über Freiheit erlangt werden. Ihre Lernaufgabe ist, zu erkennen, dass Sie sich mit dem Widerstand gegen gewisse Strukturen, sei es in Form von Gesetzen oder Regeln des Zusammenlebens, nur selbst Ihrer Energie berauben. Sie müssen lernen, sich vorerst an Regeln zu halten, die man als einzelner im Moment nicht zu ändern vermag. Haben Sie das erst einmal erkannt, tun sich plötzlich neue und konstruktive Lösungswege auf.

Heilwirkung

Tees, Tinkturen und ätherische Öle aus ihren Zweigen, Früchten und Holz dienen zur Behandlung von Erkältungskrankheiten, Hämorrhoiden und Gebärmutterproblemen.

Lebensbaumkraft

Die wegweisende Kraft der Klarheit.

Zitate von Zypresse-Persönlichkeiten

»Die Engel sind immer da bei einer Musik wie dieser.«

»Das Herz adelt den Menschen.«

Wolfgang Amadeus Mozart
Österreichischer Komponist

»In jedem Chaos ist ein Kosmos, In jeder Unordnung, eine geheime Ordnung.«

»Alles das, was uns an anderen irritiert, kann uns zu einem besseren Selbstverständnis führen.«

Carl Gustav Jung
Schweizer Psychiater und der Begründer
der analytischen Psychologie

Die Pappel

4. – 8. Februar, 5. – 13. August

Elementfamilie: Äther

Gaben und Talente

Intuitiv, sensibel, verletzlich, geduldig, naturverbunden, großer Wissensdurst, realistisch, unternehmungs- und reisefreudig, hinterfragend, verständnisvoll, genügsam, ehrgeizig, erkenntnissuchend.

Carpe Arborem

»Hinter allem Schein erkenne ich intuitiv die Essenz, das wahre Sein.«

Symbolik

Die Pappel wurde von den Kelten als Baum des Volkes bezeichnet, wahrscheinlich weil sie als ein wichtiger Bestandteil ihres täglichen Lebens und Überlebens galt. Denn aus ihrem weichen und elastischen Holz wurden Schuhe und Schilde angefertigt. Die Druiden sollen dem Rascheln ihrer Blätter Botschaften aus der geistigen Welt entnommen haben.

Ihr Weg durchs Leben

Pappel-Geborene zählen zur Ätherelementfamilie. Das Element Äther verleiht ihnen die Gabe einer auf Gefühle sensibilisierten Wahrnehmung und ihren unstillbaren Durst nach Wissen und Erkenntnis. Sie lesen zwischen den Zeilen, blicken hinter den täuschenden äußeren Schein der Dinge und hören in Gesprächen mit Menschen sprichwörtlich das Gras wachsen und die mitschwingenden Botschaften darunter. Diese Gabe stellt sie vor die große Herausforderung, sich über ihre persönlichen Gefühle und darunterliegenden Bedürfnisse im klaren zu sein. Sind

Die erdende Kraft des Seins

sie das nicht, neigen sie zu Gefühlsvermischungen. Das hat zur Folge, dass sie die Gefühle ihrer Mitmenschen intensiver wahrnehmen als ihre eigenen und irgendwann nicht mehr wissen, warum sie so starken Gefühlsschwankungen unterliegen, und vor allem, wie sie damit umgehen sollen. Das führt zu einer ständigen Überforderung ihres sensiblen Nervenkleides in ihrem alltäglichen Leben.

Was materiellen Besitz betrifft, sind Pappel-Geborene meist sehr genügsam. Sie erkennen bereits sehr früh, dass es im Leben nicht darauf ankommt, immer eine schnelle Antwort parat zu haben, sondern es oft viel entscheidender ist, zum rechten Zeitpunkt die richtigen Fragen zu stellen. Ihr innerer Antrieb ist ihre Suche nach einer erweiterten Erkenntnis, einem tieferen Verstehen der Zusammenhänge allen Seins. Dies zeigt sich in ihrem starken Wissens- und Erfahrungsdurst, welchen sie über das Lesen von Büchern, Besuchen von Seminaren oder das Reisen in ferne Länder zu stillen versuchen.

Wichtig dabei ist, dass sie alle geistig gesammelten Erkenntnisse auch beginnen, Schritt für Schritt in die Tat umzusetzen und im Alltag anzuwenden. Das hilft ihnen, den Boden unter den Füßen und den Bezug zur Realität nicht zu verlieren. Zwar fühlen sie sich dort oben in den luftigen und geistigen Höhen leicht, frei und gleichzeitig zu Hause, brauchen dazu aber einen irdischen und erdverbundenen Ausgleich. Diesen finden sie in und mit der Natur, ob bei der Gartenarbeit, bei langen Spaziergängen oder in meditativer Stille. All das unterstützt sie, trotz ihres starken emotionalen Tiefgangs in ihrer Balance zu bleiben. Pappel-Persönlichkeiten besitzen die Gabe, geistig flexibel zu bleiben und zu erkennen, wann sie sich den Stürmen des Lebens beugen müssen, um nicht daran zu zerbrechen. Um sich selbst seelisch und körperlich etwas Gutes zu tun, sollten sie lernen, sich öfter einmal in Ruhe zurückzuziehen, um über ihre intensiven emotionalen Eindrücke des Tagesgeschehens besser reflektieren und sie bewusst verarbeiten zu können.

In Berufen, in denen intuitives Gespür wesentlich ist, können Pappel-Geborene ihre Talente besonders gut entfalten. Etwa im pädagogischen Berufsfeld oder im Bereich der Psychologie und Menschenführung eröffnet sich ihnen ein breites Feld an Möglichkeiten.

Quintessenz – Das Wesentliche in fünf Sätzen

Ihre Lernaufgabe besteht darin, sich die richtige Frage zum rechten Zeitpunkt selbst zu stellen, was Ihnen bei Ihren Mitmenschen bereits gut gelingt. Die Antworten auf Ihre wesentlichen Fragen sollten Sie nicht mit Ihrem Verstand geben, sondern mit Ihrem Herzen erfühlen. Mit übertriebenem Ehrgeiz und Sich-beweisen-Müssen zwingen Sie sich selbst und Ihr empfindsames Körperkleid in die Knie. Sie müssen erkennen, dass Ihr Selbstwert sich nicht durch Ihre Leistungen definiert. Vielmehr geht es um Ihre Gabe, Menschen miteinander zu verbinden und ihnen mitfühlend zur Seite zu stehen, die gelebt werden will.

Heilwirkung

Rinde und Blätter werden bei der Schmerz- und Rheumatherapie verwendet.

Lebensbaumkraft

Die erdende Kraft des Seins.

Zitate einer Pappel-Persönlichkeit

»Wenn ein Mensch zu anderen Himmelskörpern fliegt und dort feststellt, wie schön es doch auf unserer Erde ist, hat die Weltraumfahrt einen ihrer wichtigsten Zwecke erfüllt.«

»Ich glaube, dass Wasser eines Tages als Brennstoff benutzt wird, dass Wasserstoff und Sauerstoff, aus denen es besteht, einzeln oder zusammen, eine unerschöpfliche Quelle von Hitze und Licht sein werden.«

Jules Verne, französischer Schriftsteller

Die Zeder

9. – 18. Februar und 14. – 23. August

Elementfamilie: Äther

Gaben und Talente

Große Wandlungsbereitschaft, eigenwillig, autonom, kommunikationsstark, Führungspersönlichkeiten, selbstbewusst, unendliche Geduld und Ausdauer, erhaben, tolerant, (an-)mutig, erfolgreich, individuell, kämpferisch, kreativ, Sinn für Schönheit.

Carpe Arborem

»Ich bin die Wahlfreiheit, die Mitte, von der aus die Schöpferkraft in meinem Leben wirken kann. Mit Demut löse ich mich von den Grenzen meines Verstehens und erschaffe mich immer wieder neu.«

Symbolik

Die Kelten bezeichneten die Zeder als »den Baum der Erleuchtung und der Könige«. Mit ihrer eindrucksvollen und anmutigen Gestalt und der eigenwillig geformten Krone galt sie von jeher sowohl in der Bibel als auch bei den Kelten als ein Symbol der Erhabenheit und Würde. Aufgrund ihres angenehmen und betörenden Duftes ist sie der Gefühls- und Sinnenwelt zugeordnet.

Ihr Weg durchs Leben

Zeder-Geborene zählen zur Ätherelementfamilie. Das Element Äther verleiht ihnen die Gabe der einfühlsamen und intuitiven Art, mit Menschen zu kommunizieren und sie miteinander zu verbinden.

Sie entpuppen sich meist schon in jungen Jahren als wahre »Lebenskünstler«, doch nicht nur aufgrund ihres ausgeprägten Sinns für Kreativität und Schönheit. Nein, viel mehr noch tragen sie eine enorme Wandlungsbereitschaft und -fähigkeit in sich. Tief in ihrem Inneren spüren Zeder-Geborene, dass Leben ständige

Veränderung bedeutet und frei fließen will. Eine ihrer Lernaufgaben liegt darin, diese Veränderungen dankbar anzunehmen, denn sie zeigen ihnen neue Perspektiven und schärfen ihren Blick für das Wesentliche in ihrem Leben. Haben sie das erst einmal erkannt und in ihrem Leben zur Anwendung gebracht, gelingt es ihnen, mit Anmut und Leichtigkeit, Altes und längst Überholtes abzustreifen und hinter sich zu lassen.

Tatkräftig und mit ihren Visionen brechen sie zu neuen Ufern, wo sie mit ausreichend Geduld und Ausdauer ihr einmal gewähltes Ziel fast immer erreichen. Dabei sollten sie sich weder von Rückschlägen noch von der Kritik ihrer Mitmenschen von ihrem inneren Kurs abbringen lassen. Wenn sie lernen, sogenannte Rückschläge nicht mehr zu bewerten, werden diese auf wundersame Weise zu wertvollen Erfahrungen.

Die Triebfeder der Zeder-Persönlichkeiten ist, gemeinsam mit Menschen und für Menschen etwas Neues zu erschaffen – nach dem Motto: »Gemeinsam schaffen wir Großes hier.« Daher können sie ihre Talente am besten in Berufen ausdrücken, welche Menschen auf kreative und vielfältige Art miteinander verbinden, um sie auf ein gemeinsames Ziel auszurichten, ganz unabhängig von der Branche. Wichtig dabei ist auch, dass ihnen ihr Beruf einen großen Freiraum für selbständiges Entscheiden und Handeln ermöglicht. Ihre Freude an der Vielfalt und Abwechslung lässt ihr Leben mehr einer bewegten Abenteuerreise gleichen, auf der sie tief in ihre Erfahrungen eintaucht, um mit all ihren Sinnen auszukosten, was das Leben ihr zu bieten hat. Dabei wird sie immer wieder aufgefordert zu vertrauen, sich über jeden ihrer inneren Zweifel zu erheben und zu wählen, loszulassen anstatt festzuhalten. Darin liegt ihre große Meisterschaft verborgen, welche ein ständiger Begleiter auf ihrem Lebensweg ist.

Tief in ihrem Innersten spüren die Zeder-Geborenen, dass sie, wenn sie in der Welt etwas bewegen möchten, zuerst bei sich selbst beginnen müssen. Die Veränderungen, die sie sich im

Außen wünschen, müssen zuerst in ihrem Inneren stattfinden, um sie in die Welt tragen zu können.

Quintessenz – Das Wesentliche in fünf Sätzen

Im allgemeinen neigen Zeder-Persönlichkeiten – vor allem beim Reden – zu Ausschweifungen, und so dürfen Sie lernen, sich auf das Wesentliche, die Essenz zu konzentrieren. Sie können nur schwer mit Kritik umgehen, denn zum einen sind Sie sehr selbstkritisch und zum andern bringt die Kritik Ihrer Mitmenschen Ihren Selbstwert ins Wanken. Ihre Lernaufgabe besteht darin, sich Ihren Selbstwert nicht von außen durch Ihre Leistung zu holen. Sie sollten erkennen, dass Sie sich Ihren Wert nur selbst geben können, indem Sie sich annehmen, wie Sie sind, was Ihnen aber oft schwerfällt. Wenn Sie lernen, sich selbst nicht mehr zu beurteilen, also eine wertfreie Perspektive wählen, wird Ihnen mehr und mehr bewusst, dass es kein Besser oder Schlechter, Richtig oder Falsch gibt.

Heilwirkung

Gekautes oder geräuchertes Zedernholz verleiht Mut und Selbstvertrauen. Das wertvolle Zedernöl aus den Nüssen der Sibirischen Zeder kann zur Heilung von Lungentuberkulose, Nierenerkrankungen und neuropathischen Störungen eingesetzt werden.

Lebensbaumkraft

Die wandlungsfähige Kraft der Erleuchtung.

Zitat einer Zeder-Persönlichkeit

> *»Ich muss nicht unbedingt gewinnen, aber ich muss ehrlich sein. Ich muss nicht unbedingt erfolgreich sein, aber ich muss nach dem Licht streben, das in mir ist.«*

Abraham Lincoln
16. Präsident der USA, Gegner der Sklaverei,
fiel einem Attentat zum Opfer

Die Kiefer

19. – 29. Februar und 24. August – 2. September

Elementfamilie: Feuer

Gaben und Talente

Geduldig, vorsorgend, vorsichtig, Beobachtungsgabe, vernünftig, selbstsicher, wortgewandt, ordnungsliebend, ökonomisch, ermutigend, anpassungsfähig, genügsam.

Carpe Arborem

»Geduld und Anpassungsfähigkeit verleihen mir Kraft und Kommunikation den Zugang zu meinem Gefühl, dem Lebenssaft, um zu erreichen, was niemand sonst schafft.«

Symbolik

Die Kiefer, auch Föhre genannt, ist in vielen Kulturen ein Symbol für Ausdauer und Bescheidenheit. Der »Baum des Feuers«, wie er vom keltischen Volk genannt wurde, hat es dank seiner Anpassungsfähigkeit geschafft, sich in vielfältigen Formen und Gestalten über den ganzen Erdball zu verbreiten.

Ihr Weg durchs Leben

Kiefer-Geborene zählen zur Feuerelementfamilie. Das Feuerelement verleiht ihnen die Gabe der Anpassungsfähigkeit und der begeisternden Kommunikation. Menschen mit diesem Lebensbaum fühlen sich daher fast überall auf der Welt zu Hause, ohne viele Ansprüche zu stellen. Ein Umzug, sei es in einen anderen Ort, ein anderes Land oder sogar auf einen anderen Kontinent, würden Kiefer-Persönlichkeiten nicht als großartige Herausforderung sehen. Tief in ihnen brennt ein Lebensfeuer, welches sie antreibt und am Leben hält, ganz gleich, wie widrig die äußeren Umstände auch sein mögen.

Die dienende Kraft der geduldigen Lebensbeobachtung

Sie sind grundsätzlich temperamentvolle Persönlichkeiten. Doch da Kiefer-Geborene als Gegenpol dazu auch einen sehr ausgeprägten und praktisch denkenden Verstand besitzen, ist ihr Gefühlsausdruck meist stark blockiert. Daher werden sie von Außenstehenden oft nicht als temperamentvoll wahrgenommen.

Diese beiden Extreme, Verstand und Gefühl, ins Gleichgewicht zu bringen, ist eine der größten Herausforderungen für die Kiefer-Geborenen. Die Transformation ihrer Gefühle durch die Kraft des Feuers ist die Lösung. Das bedeutet, dass auch Wut ausgedrückt werden darf. Wird oder kann diese Wut nicht gelebt werden – was vor allem bei Kindern sehr häufig der Fall ist, die sehr streng erzogen wurden –, wird diese häufig kompensiert und führt dann zu einer Überangepasstheit. Was für die Eltern auf den ersten Blick ganz angenehm erscheinen mag, entpuppt sich später als wandelnde Zeitbombe; oder es zeigt sich in Form von autoaggressiven Erkrankungen.

Haben Kiefer-Geborene ihre Umgebung mit ihrer scharfsinnigen Beobachtungsgabe erst einmal »abgecheckt«, legen sie los und setzen sich mit ihrer Wortgewandtheit gekonnt in Szene, um die Aufmerksamkeit ihrer Umgebung für sich zu gewinnen. Durch dieses Verhalten beziehen sie sehr geschickt Energie von ihren Zuschauern. Die Gabe ihrer Anpassungsfähigkeit liegt nicht etwa im Sich-Verstellen oder Sich-Aufgeben für die Wünsche anderer. Anpassungsfähig zu sein, bedeutet im ursprünglichen Sinne, kreativ, flexibel und aktiv in jedem Moment bewusst zu agieren – im Gegensatz zum unbewussten Reagieren. So lernen Kiefer-Geborene, sich selbst mehr zu spüren und ihre Gefühle bewusster wahrzunehmen und auszudrücken. Aufgrund ihrer Talente sind sie vorwiegend in lehrenden und unterhaltenden Berufen wie Kabarettist und Sänger anzutreffen, aber auch in technischen Berufen sind sie sehr stark vertreten. Bei ihrer Berufswahl sollten sie darauf achten, dass ihr Kommunikationstalent auf vielfältigste Art und Weise zum Einsatz kommen kann.

Quintessenz – Das Wesentliche in fünf Sätzen

Ihre Lernaufgabe besteht darin, allen Ihren Gefühlen Raum und Ausdruck zu verschaffen. Dies gelingt Ihnen am besten mit Hilfe von Kommunikation und Kreativität. Wenn es um das Thema Geduld geht, wird häufig ein innerer Widerstand spürbar. Nicht gegen das Gefühl des Widerstands anzukämpfen, sondern es zulassen und als Teil von sich annehmen, ist die Lösung. Denn Bescheidenheit und Geduld sind Ihre ständigen Wegbegleiter.

Heilwirkung

Nadeln und Harz der Kiefer wirken gedankenklärend, revitalisierend bei Asthma und Grippalinfekten.

Lebensbaumkraft

Die dienende Kraft der geduldigen Lebensbeobachtung,

Zitate einer Kiefer-Persönlichkeit

> *»Es ist nicht genug zu wissen – man muss es auch anwenden. Es ist nicht genug zu wollen – man muss es auch tun.«*
>
> *»Wer nicht mehr liebt und nicht mehr irrt, der lasse sich begraben.«*

Johann Wolfgang von Goethe
Deutscher Dichter, forschte und veröffentlichte auf verschiedenen naturwissenschaftlichen Gebieten

Die Weide

1. – 10. März und 3. – 12. September

Elementfamilie: Wasser

Gaben und Talente

Flexibel, große Toleranz und Ausdauer, energiegeladen, intuitiv, anpassungs- und leistungsfähig, spontan, naturverbunden, begeisterungsfähig, belastbar, zäh, emotional, Grenzgänger, sensibel.

Carpe Arborem

»Ich respektiere meine Grenzen und jene meiner Mitmenschen und lasse meinen Gefühlen und dem Fluss des Lebens seinen freien Lauf.«

Symbolik

In vielen Kulturen gilt die Weide als Symbol der Fruchtbarkeit und Lebenskraft. Ihre Äste eignen sich zur Herstellung von Wünschelruten, um damit in der Erde verborgenes Wasser aufzuspüren.

Ihr Weg durchs Leben

Weide-Geborene zählen zur Wasserelementfamilie. Das Element Wasser verleiht ihnen ihre Vitalität und ihre Toleranz. Sie erfreuen sich im Grunde genommen einer robusten, anpassungsfähigen und kräftigen Natur, wenn sie einen wichtigen Aspekt auf ihrem Lebensweg dabei nicht vernachlässigen oder gar versuchen, ihn zu unterdrücken. Die Rede ist von ihren Gefühlen. Denn wie kein anderer Baum des keltischen Baumkreises braucht die Weide das Element Wasser, so wie Menschen mit diesem Lebensbaum die Anbindung an ihre Gefühlswelt und das bewusste Annehmen und Ausdrücken aller Emotionen brauchen.

Diese Anbindung verleiht ihnen auch eine gute Verbindung zu ihrem Unterbewusstsein, den tiefen Wurzeln ihrer Seele, und es fällt

ihnen leicht, sich intuitiv Zugang zu den dort gespeicherten Erfahrungen zu verschaffen, um sie für ihre Weiterentwicklung zu nutzen. Missachten sie jedoch ihr sensibles Wesen und verschließen sie ihr Herz, um sich vor Schmerz und Leid zu schützen, so schwinden im selben Maße auch ihre Vitalität und Flexibilität aus ihrem Leben. Das Resultat dieser Handlungsweise sind körperliche Leiden, Starrsinn, Intoleranz und Frustration bis hin zu depressiven Verstimmungen. Heilung finden sie in und mit der Natur, durch tägliche körperliche Bewegung, welche ihren Körper geschmeidig hält, und indem sie ihr Leid- und Mitleidsprogramm durch eine große Portion Mitgefühl für sich selbst und ihre Umwelt erlösen. Ihrem natürlichen Bewegungsdrang folgend, sollte ihnen ihr Beruf auch die Möglichkeit bieten, sich ausreichend zu bewegen, im Idealfall in der freien Natur und im Beisammensein mit Menschen, welchen sie mit ihrer Tätigkeit einen wohltätigen Dienst erweisen können.

Quintessenz – Das Wesentliche in fünf Sätzen

Sie sind emotionale und körperliche Grenzgänger und neigen dazu, sich zu verausgaben. Dem folgt häufig der totale Zusammenbruch, sowohl körperlich als auch seelisch (Burnout). Da Sie sich aufgrund Ihrer Vitalität meist schnell wieder erholen, machen Sie diese Erfahrung meist mehrmals im Leben, bis Sie endlich bereit sind, daraus zu lernen. Die Lösung liegt im rechtzeitigen Erkennen und Wahren der eigenen Grenzen, aber auch die Ihrer Mitmenschen, welche Sie oft mit Ihrer Dominanz überrollen. Als Ventil, um Ihren extremen Gefühlen Ausdruck zu verschaffen, eignet sich jede Form der kreativen und sportlichen Betätigung in und mit der Natur.

Heilwirkung

Die Weidenrinde mit ihrem Hauptwirkstoff Salicin (synthetisiert in Aspirin enthalten) wirkt schmerzstillend vor allem bei rheumatischen Erkrankungen, ist fiebersenkend, lindert Kopfschmerzen,

hilft bei Nieren- und Blasenerkrankungen. Nebenwirkung: Salicin reizt und greift die Magenschleimhaut an.

Lebensbaumkraft

Die vitalisierende Kraft der Toleranz.

Zitat einer Weide-Persönlichkeit

»Jeder möchte die Menschheit bessern, aber keiner fängt bei sich selbst an.«

Leo Tolstoi
Russischer Schriftsteller und Anarchist

Die Linde

11. – 20. März und 13. – 22. September

Elementfamilie: Wasser

Gaben und Talente

Feinfühlig, treu, sensibles und soziales Wesen, verständnisvoll, künstlerisch und philosophisch begabt, ausgleichend gerecht, diplomatisch, (selbst-)kritisch, treu, hilfsbereit, lebensfroh, gesellig.

Carpe Arborem

»Im Erkennen und Setzen meiner eigenen Grenzen öffnet sich mein Herz furchtlos, um voller Freude zu geben.«

Symbolik

Die Herzform, welche sich in den Blättern und der Baumkrone der Linde wiederfindet, ist ein Symbol für Mütterlichkeit, Liebe und Mitgefühl mit uns selbst und unseren Mitmenschen. Daher stimmt die Linde streitende Parteien wieder milde, um Unstimmigkeiten und Konflikte zu klären und die Harmonie wieder herzustellen. Daher wurde sie sowohl bei den Slawen, Germanen und Kelten als Baum der Gerechtigkeit verehrt, unter dem früher Gerichte abgehalten wurden.

Ihr Weg durchs Leben

Linde-Geborene zählen zur Wasserelementfamilie. Das Element Wasser verleiht ihnen die Gabe des Mitgefühls. Ihr mitfühlendes Wesen sehnt sich danach, sich zu öffnen, sich mit anderen Menschen zu verbinden, sie tief in ihrem Herzen zu berühren und selbst berührt zu werden. Da sie aber dazu neigen, die Sorgen und das Leid anderer in sich aufzunehmen und mitzuleiden, ist es wichtig für sie zu lernen, auf sich selbst zu achten und sich rechtzeitig abzugrenzen. Sich abzugrenzen bedeutet jedoch

Die herzöffnende Kraft der Ehrlichkeit

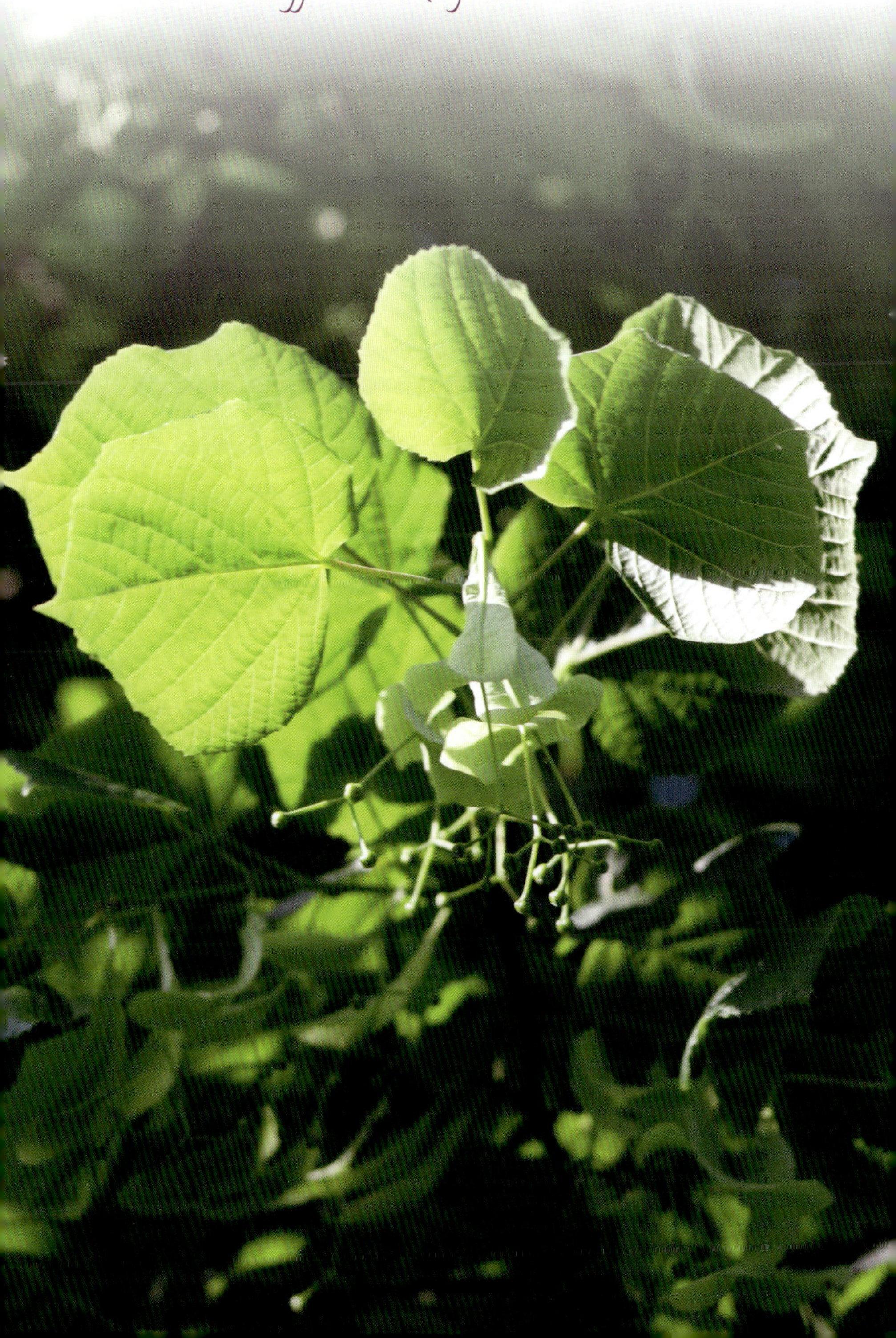

nicht, ihren Mitmenschen die Tür vor der Nase zuzuschlagen und ihr großes Herz zu verschließen, wenn sie um Hilfe gebeten werden. Es ist vollkommen ausreichend, rechtzeitig zu erkennen, wenn ihr Maß voll ist, und auf respekt- und liebevolle Art einfach nein sagen zu lernen, um sich dann den eigenen Bedürfnissen zu widmen. Tun sie das nicht, schaden sie sich selbst oft mehr, als dass sie umgekehrt anderen Menschen mit ihrer Unterstützung helfen und Gutes tun.

Vom keltischen Volk als »Baum der Gerechtigkeit« bezeichnet, verleiht dieser Baum den Linde-Persönlichkeiten einen sehr ausgeprägten Gerechtigkeitssinn und die Gabe der Diplomatie. Früher wurden Gerichte unter einem Lindenbaum abgehalten, da er die Richter milde stimmen und die Wahrheit ans Licht bringen sollte. Beruflich eignen sie sich daher hervorragend als Richter, Lehrer oder Philosoph, welche ihrem Herzen immer das letzte Wort überlassen. Linde-Geborene sind äußerst selbstkritische Menschen, welche stets bereit sind, sowohl privat als auch beruflich ihr Bestes zu geben. Dabei sollten sie aber immer auf ein ausgewogenes Verhältnis zwischen Geben und Nehmen achten und darauf, ihre oft zu (selbst-)kritischen Maßstäbe nicht auf andere zu übertragen, denn jeder Mensch hat die Freiheit und das Recht auf seine persönliche Wahrheit und seine eigenen Wertmaßstäbe.

Daran sollen die beiden Hälften der Lindenblätter erinnern. Denn wie diese einander bedingen und nur gemeinsam die Form eines Herzens bilden, so spiegeln ihre Mitmenschen den Linde-Geborenen ihren Gegenpol wider und helfen ihnen damit, zu erkennen, wer sie wirklich sind. So finden sie den Frieden in sich und mit der Welt.

Quintessenz – Das Wesentliche in fünf Sätzen

»Nobody is perfect.« Dieser Leitspruch sollte Linde-Geborene auf Schritt und Tritt begleiten. Denn Ihr Ziel ist es, Herz und Verstand in Einklang zu bringen. Sie sollten lernen, nicht so hart mit sich

selbst und Ihren Mitmenschen ins Gericht zu gehen. Je mehr Sie Ihr großes Herz öffnen, welches Wege und Lösungen kennt, die Ihrem messerscharfen Verstand verwehrt bleiben, um so leichter fällt es Ihnen, sich von Ihrem Perfektionismus zu lösen. So lernen Sie, Ihre persönlichen Bedürfnisse und die Ihrer Mitmenschen zu achten und aus der Fülle Ihres Herzens zu geben.

Heilwirkung

Blüten, Blätter und Rinde der Linde wirken fiebersenkend, schweißtreibend und krampflösend und werden daher hauptsächlich bei Erkältungskrankheiten eingesetzt.

Lebensbaumkraft

Die herzöffnende Kraft der Ehrlichkeit.

Zitate einer Linde-Persönlichkeit

»Es gibt nur wenige, die mit ihren eigenen Augen sehen und mit ihren eigenen Herzen fühlen.«

»Wenn du ein glückliches Leben willst, verbinde es mit einem Ziel.«

Albert Einstein
Deutsch-amerikanischer Physiker

Der Olivenbaum

23. September – Herbst-Tagundnachtgleiche

Elementfamilie: Erde

Gaben und Talente

Weise, tiefsinnig, vielfältig talentiert, vernunftorientiert, anspruchsvoll, ökonomisch, zielgerichtet, seelisch robust, lebt im Augenblick, gelassen, humorvoll, Durchhaltevermögen, geduldig, hilfsbereit, beliebt, erfolgreich.

Carpe Arborem

»Ich erkenne den Sinn im Annehmen des Lebens so, wie es ist, und gebe der Lebensfreude und Leichtigkeit mehr ›Spiel‹-Raum in meinem Herzen.«

Symbolik

Der Olivenbaum, auch Ölbaum genannt, welcher nur einem Tag des Jahres zugeordnet ist, kennzeichnet die Tagundnachtgleiche im Herbst. An diesem Wendepunkt im Jahreskreis sind Tag und Nacht gleich lang, und wir feiern den Herbstbeginn. Dieser Tag ist dem Gleichgewicht und dem Ausgleich gewidmet. Wir sagen der Natur Dank für die Ernte, die uns wohlversorgt durch den nahenden Winter bringen wird. Wir halten noch einmal inne, um den Erfahrungen und Erkenntnissen der letzten Monate dankbar nachzusinnen, bevor wir sie endgültig loslassen. Dies Ritual unterstützt uns dabei, losgelöst von altem Ballast, voller Vertrauen und Zuversicht weiterzugehen. Der symbolträchtige Olivenbaum gilt in vielen Kulturen als Sinnbild für Frieden, Liebe und Treue und ist einer der meistgenannten Bäume in der Bibel.

Ihr Weg durchs Leben

Olivenbaum-Geborene zählen zur Erdelementfamilie. Das Erdelement verleiht ihnen ihr Durchhaltevermögen, ihre Standfestigkeit und die tiefe Verbundenheit mit Mutter Erde und ihrer Weisheit. Sie sind bodenständige, pragmatische und im Leben tief verwurzelte Menschen. Für das keltische Volk waren der Olivenbaum, wie auch der Feigenbaum, ein Symbol für Lebensglück und Wohlstand. Auf ihrem Lebensweg werden sie von der Vision geleitet, mit jedem Schritt, jedem neuen Tag und jeder Erfahrung der letztendlichen Weisheit ein Stück näherzukommen.

Olivenbaum-Persönlichkeiten besitzen die Gabe des intuitiven Erspürens und der Konzentration auf das Wesentliche. Daher rührt ihr Vermittlungsgeschick bei zwischenmenschlichen Konflikten, welches wiederum für Ausgleich und Harmonie sorgt. Olivenbaum-Menschen stellen sich gerne in den Dienst einer Gemeinschaft, in der sie sich fast immer in Führungspositionen wiederfinden, ganz gleich in welcher Berufssparte. Und meist gelingt es ihnen dort auch, aus allen Gegebenheiten das Beste, nicht nur für sich, sondern für alle Beteiligten, herauszuholen.

Das einzige, was diese meist sehr ökonomisch auf Erfolgskurs ausgerichteten und rundum robusten Menschen beachten sollten, ist eine naturnahe und -verbundene Lebensweise und schrittweises Ersetzen von übertriebenem Verantwortungsbewusstsein und Kritiksucht durch ein Gefühl der Leichtigkeit und der puren Freude am Leben selbst, so wie es sich gerade zeigt.

Quintessenz – Das Wesentliche in fünf Sätzen

Charismatische Menschen haben immer eine starke Vorbildwirkung, und dies bringt immer Verantwortung mit sich. Bevor Sie in einer Führungsposition Verantwortung für andere Menschen übernehmen, sollten Sie gelernt haben, zu Ihren wahren Gefühlen zu stehen. Wie der Olivenbaum die Wärme der Sonne sucht, um sich voll zu entfalten, so braucht er auch das im Erdreich verborgene Wasser, also den Zugang zu seinen Gefühlen. Ihr

innerstes Wesen sehnt sich nach einem authentischen Gefühlsausdruck. Lassen Sie sich auf Ihre Gefühle ein, hält auch die Lebensweisheit Einzug in Ihr Leben.

Heilwirkung

Öl und Blätter wirken leberstärkend, hautpflegend und blutdrucksenkend.

Lebensbaumkraft

Die verantwortungsvolle Kraft der Lebensweisheit.

Zitate von Olivenbaum-Persönlichkeiten

»Ich habe mein Schicksal selbst geschmiedet, und ich bereue nichts.«

Romy Schneider
Österreichisch-deutsche Schauspielerin, »Sissi« 1955

»Was bringt mein Herz zum Singen?«

Robert Betz
Deutscher Psychologe und Autor

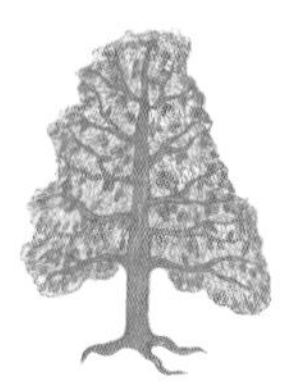

Die Buche

22. Dezember – Wintersonnenwende
(astronomisch meist schon am 21. Dezember)

Elementfamilie: Luft

Gaben und Talente

Geheimnisvoll, unendliche Ausdauer und Geduld, intuitiv, handelt entschlossen und pflichtbewusst, konsequent, verantwortungsvoll, vertrauenswürdig, Organisationstalent, inspirierend, Wissensplattform, Führungsnatur.

Carpe Arborem

»Ich bin stets in Kontakt mit meinen Wurzeln, welche mir verleihen die intuitive Kraft und die Geduld zu warten, bis sich meine Chance offenbart.«

Symbolik

Die Buche markiert die Wintersonnenwende und den damit verbundenen Winterbeginn. An diesem Tag trifft die längste Nacht auf den kürzesten Tag des Jahres. Fast auf der ganzen Welt wird an den Tagen rund um die Wintersonnenwende ein »Lichtfest« gefeiert, bei uns bekannt als Weihnachtsfest. Bei unseren keltischen Vorfahren galt die Buche als Baum, welcher in Kontakt mit den mystischen Geheimnissen des Lebens stand. Bei den Germanen wurden die Runenstäbe, welche zur Vorhersage der Zukunft dienten, aus Buchenholz gefertigt. Die Ähnlichkeit der Wörter Buche und Buch ist darauf zurückzuführen, dass die ersten Bücher in unseren Breitengraden aus Buchenrinde hergestellt wurden.

Die ausdauernde Kraft der Zielgerichtetheit

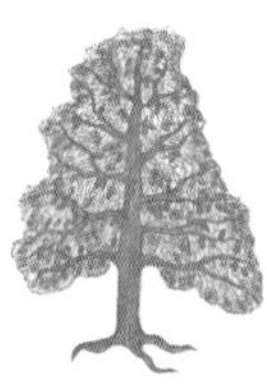

Ihr Weg durchs Leben

Buche-Geborene zählen zur Luftelementfamilie. Das Element Luft verleiht ihnen ihre schnelle Auffassungsgabe und die Geschwindigkeit, mit der sie ihre gesteckten Ziele schnellstmöglich erreichen. Sie tun dies aber selten im Alleingang, denn sie sind absolute Gemeinschaftsmenschen, welche Freude an der gemeinsamen Umsetzung von Projekten haben. Bei ihren gemeinschaftlichen Vorhaben übernehmen sie meistens die Rolle und Aufgaben der Gruppenführung.

Wenn Buche-Persönlichkeiten gelernt haben, ihren Gefühlen und ihrer Gabe der Intuition zu vertrauen, führen die von ihr getroffenen Entscheidungen auch zum Erreichen des gemeinsamen Zieles. Doch was eine echte Führungspersönlichkeit ausmacht, sind nicht nur selbstbewusstes Auftreten, Durchsetzungskraft und Pflichtbewusstsein. Viel mehr noch sollten Mitgefühl und Toleranz im Vordergrund stehen, vor allem jenen Menschen gegenüber, die von Natur aus sensibler sind.

Doch Buche-Persönlichkeiten neigen zu übertriebener Strenge, Kritiksucht und Intoleranz, welche auf ein ihnen innewohnendes Minderwertigkeitsgefühl verweisen. Das erschwert ihnen ihren authentischen Gefühlsausdruck. Buche-Geborene sollten sich stets bewusstmachen, dass das Potential einer Gemeinschaft, egal ob in einem Unternehmen oder in familiären Kreisen, auf gegenseitigem Vertrauen beruht und sich aus der Vielfältigkeit, Individualität und Kreativität ihrer einzelnen Mitglieder zusammensetzt. Die Kunst, Menschen zu führen, besteht darin, die Talente jedes Einzelnen zu erkennen, zu fördern und zu einem Ganzen zu vereinen.

Quintessenz – Das Wesentliche in fünf Sätzen

Sie sollten lernen, sich selbst als Mensch mehr wertzuschätzen und sich nicht nur über Ihre Leistungen zu definieren. Ein wichtiger erster Schritt hierfür ist, Ihren Gefühlen vertrauensvoll Raum zu geben, in sich anzunehmen und dies kommunizieren zu lernen.

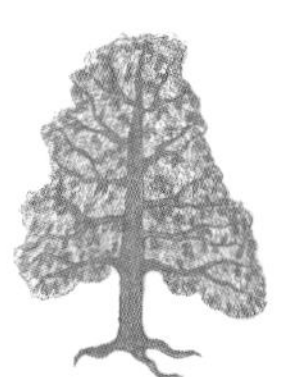

Trotz ihrer Qualitäten als Führungsnatur sollten Sie erkennen, dass Ihnen willkürliche Dominanz und Machtausübung über andere nur kurzzeitig Erfolg bringen wird. Alle Mitglieder einer Gruppe oder auch der Familie sollten einander gleichwertig gegenüberstehen. Das dabei entstehende Gefühl der Zusammengehörigkeit verleiht Mut und Stärke und treibt die Gruppe wie von selbst voran, um das gewünschte Ziel zu erreichen.

Heilwirkung

Rinde, Holz, Blätter und Früchte wirken desinfizierend, fiebersenkend und entzündungshemmend.

Lebensbaumkraft

Die ausdauernde Kraft der Zielgerichtetheit.

Zitate einer Buche-Persönlichkeit

> *»Man muss das Publikum zu sich heraufholen, man darf nicht zu ihm hinuntersteigen.«*
>
> *»Ein tüchtiger Feind bringt uns weiter als ein Dutzend untüchtiger Freunde.«*

Gustaf Gründgens
Deutscher Schauspieler (»Mephisto« in Goethes Faust), Regisseur und Theaterintendant des 20. Jahrhunderts

JANUAR

1 Apfelbaum

Die Tanne

2
3
4
5
6
7
8
9
10
11

Die Ulme

12
13
14
15
16
17
18
19
20
21
22
23
24

Die Zypresse

25
26
27
28
29
30
31

Berühmte Tanne-Persönlichkeiten

2. – 11. Januar

Alles Wissen ist vergeblich ohne die Arbeit. Und alle Arbeit ist sinnlos ohne die Liebe.

Khalil Gibran (Dichter und Philosoph)

Jeanne d´Arc (französische Nationalheldin)
Simone de Beauvoir (französische Schriftstellerin und Feministin)
Greta Thunberg (schwedische Klimaaktivistin)

Berühmte Ulme-Persönlichkeiten

12. – 24. Januar

Die Liebe auch zu unseren Feinden ist der Schlüssel, mit dem sich die Probleme der Welt lösen lassen.

Martin Luther King (Bürgerrechtler)

Muhammad Ali (amerikanischer Boxweltmeister)
Janis Joplin (amerikanische Sängerin und Songschreiberin)
Kate Moss (britisches Supermodel)

Berühmte Zypresse-Persönlichkeiten

25. Januar – 3. Februar

No matter how big the idea, or how vast the projekt, everything starts the same way – with one small moment.
(Gleichgültig, wie groß die Idee oder wie gewaltig das Vorhaben, alles beginnt auf dieselbe Weise – mit einem kleinen Augenblick.)

Shakira (kolumbianische Sängerin)

Wolfgang Amadeus Mozart (Komponist)
Virginia Woolf (britische Schriftstellerin und Verlegerin)
Roy Black (deutscher Schlagersänger)

FEBRUAR

1 Zypresse
2
3

Die Pappel

4
5
6
7
8

Die Zeder

9
10
11
12
13
14
15
16
17
18

Die Kiefer

19
20
21
22
23
24
25
26
27
28
29

Berühmte Pappel-Persönlichkeiten

4. – 8. Februar

Love the life you live. Live the life you love. Don´t forgt your history nor your destiny.
Du wirst niemals wissen wie stark du bist, bis stark sein deine einzige Wahl ist.

Bob Marley (Sänger)

Jules Verne (französischer Schriftsteller)
Carina Vogt (deutsche Skispringerin)
Pierre Brice (französischer Schauspieler)

Berühmte Zeder-Persönlichkeiten

9. – 18. Februar

Man kann einem Menschen nichts lehren, man kann ihm nur helfen, es in sich selbst zu entdecken.

Galileo Galilei (italienischer Physiker)

Thomas Alva Edison (Erfinder)
Yoko Ono (japanische Künstlerin und Friedensaktivistin)
Ed Sheeran (britischer Sänger)

Berühmte Kiefer-Persönlichkeiten

19. – 29. Februar

Nichts ist so stark wie eine Idee, deren Zeit gekommen ist.

Victor Hugo (französischer Schriftsteller)

Steven Jobs (Gründer von Apple)
Rihanna (barbadische Sängerin)

MÄRZ

Die Weide

1
2
3
4
5
6
7
8
9
10

Die Linde

11
12
13
14
15
16
17
18
19
20

21 **Eiche**

Der Haselbaum

22
23
24
25
26
27
28
29
30
31

Berühmte Weide-Persönlichkeiten 1. – 10. März

Frieden findet man nur in den Wäldern.
Die Liebe ist das Flügelpaar, das Gott der Seele gegeben hat, um zu ihm aufzusteigen.

Michelangelo Buonarroti (italienischer Maler)

Sharon Stone (amerikanische Schauspielerin)
Justin Bieber (kanadischer Pop-Sänger)
Antonio Vivaldi (italienischer Komponist)

Berühmte Linde-Persönlichkeiten 11. – 20.März

Es ist die wichtigste Kunst des Lehrers, die Freude am Schaffen und am Erkennen zu erwecken.

Probleme kann man niemals mit derselben Denkweise lösen, durch die sie entstanden sind.

Albert Einstein (deutscher Physiker)

Lauren Graham (amerikanische Schauspielerin)
Isabelle Huppert (französische Schauspielerin)
Bruce Willis (amerikanischer Schauspieler)

Berühmte Eiche-Persönlichkeiten
21. März (Frühlingstag-Tagundnachtgleiche)

Ich bin nicht dazu bestimmt, Zweiter oder Dritter zu werden. Ich bin bestimmt zu gewinnen! **Ayrton Senna** (Rennfahrer)

Jean Baptiste Fourier (französischer Physiker)
Lothar Matthäus (deutscher Fußballspieler)

Berühmte Haselbaum-Persönlichkeiten 22. – 31. März

Liebe will nicht, Liebe kämpft nicht, Liebe wird nicht, Liebe ist.
Liebe sucht nicht, Liebe fragt nicht, Liebe ist, so wie du bist.

Nena (deutsche Popmusikerin)

Lady Gaga (Sängerin, Songwriterin und Schauspielerin)
Wilhelm Röntgen (deutscher Physiker)
Vincent van Gogh (Maler)

APRIL

Die Eberesche

1
2
3
4
5
6
7
8
9
10

Der Ahorn

11
12
13
14
15
16
17
18
19
20

Der Walnussbaum

21
22
23
24
25
26
27
28
29
30

Berühmte Eberesche-Persönlichkeiten

1. – 10. April

Das schönste an Kindern ist: Sie verstecken nie ihre Gefühle. Sie weinen und lachen nur, wenn ihnen danach ist.

Eddie Murphy (amerikanischer Schauspieler)

Kristen Stewart (Twilight-Darstellerin »Bella«)
Russell Crowe (australisch-neuseeländischer Schauspieler)
Jackie Chan (Schauspieler und Filmemacher)

Berühmte Ahorn-Persönlichkeiten

11. – 20. April

Das wahre Wissen kommt immer aus dem Herzen.
Einfachheit ist die ultimative Form der Perfektion.

Leonardo da Vinci (italienischer Maler)

Emma Watson (britische Schauspielerin)
Herbert Grönemeyer (deutscher Musiker, Sänger und Schauspieler)
Charlie Chaplin (britischer Komiker)

Berühmte Walnussbaum-Persönlichkeiten

21. – 30. April

Für die lernende Seele hat das Leben auch in seinen dunkelsten Stunden einen unendlichen Wert.

Der ziellose Mensch erleidet sein Schicksal, der zielbewusste gestaltet es.

Immanuel Kant (deutscher Philosoph)

Renée Zellweger (amerikanische Schauspielerin)
Jack Nicholson (amerikanischer Schauspieler)
Max Planck (deutscher Physiker)

MAI

Die Eibe

1
2
3
4
5
6
7
8
9
10
11
12
13
14

Die Kastanie

15
16
17
18
19
20
21
22
23
24

Die Esche

25
26
27
28
29
30
31

Berühmte Eibe-Persönlichkeiten

1. – 14. Mai

Man sieht oft etwas hundertmal, tausendmal, ehe man es zum allerersten Mal wirklich sieht.

Christian Morgenstern (deutscher Schriftsteller)

Adele Adkins (britische R&B Sängerin)
Robert Pattinson (Twilight Darsteller »Edward«)

Berühmte Kastanie-Persönlichkeiten

15. – 24. Mai

Darf es einfach sein?
Co-Creation ist bewusste Einstimmung auf deine wahre Essenz und das Hervorbringen völlig neuer Lösungen, die dem Wohle aller dienen.

Veit Lindau (Beststellerautor)

Enya (irische Sängerin und Songwriterin)
Kaya Yanar (deutsch-türkischer Komiker)

Berühmte Esche-Persönlichkeiten

25. Mai – 3. Juni

Alles passiert aus einem Grund. Menschen ändern sich, damit zu lernst, loszulassen. Dinge gehen schief, damit du zu schätzen weißt, wenn es gut läuft. Du glaubst einer Lüge, damit du lernst, dir selbst zu vertrauen, und manchmal bricht etwas Gutes auseinander, damit etwas Schöneres zusammenkommen kann.

Marilyn Monroe (amerikanische Schauspielerin)

Elyas M'Barek (österreichischer Schauspieler)
John F. Kennedy (35. Präsident der USA)

JUNI

1 Esche
2
3

Die Hainbuche

4
5
6
7
8
9
10
11
12

Der Feigenbaum

13
14
15
16
17
18
19
20
21
22
23

24 Birke

Der Apfelbaum

25
26
27
28
29
30

Berühmte Hainbuche-Persönlichkeiten 4. – 13. Juni

Von hundert gebildeten und feinfühligen Menschen würden schon heute wahrscheinlich neunzig nie mehr Fleisch essen, wenn sie selber das Tier töten müssten, dass sie verzehren.

Bertha von Suttner (österreichische Friedensnobelpreisträgerin)

Sarah Connor (deutsche Soulsängerin)
Johnny Depp (amerikanischer Schauspieler)

Berühmte Feigenbaum-Persönlichkeiten 14. – 23. Juni

I always like to challenge myself. I never want to be put into a box. (Ich fordere mich immer gerne selbst heraus. Ich möchte nie in eine Schublade gesteckt werden.)
Lionel Richie (amerikanischer Sänger, Songwriter und Composer)

Anna Veith (österreichische Skirennfahrerin)
Edvard Grieg (norwegischer Komponist)
Edward Snowden (Whistleblower)

Berühmte Birke-Persönlichkeiten 24. Juni (Johanni)

A child´s smile is worth more than all the money in the world.
(Das Lächeln eines Kindes ist mehr wert als alles Geld der Welt.)

Lionel Messi (Fußballstar)

Victor Hesse (österreichischer Physiker)
Jack Dempsey (amerikanischer Boxer)

Berühmte Apfelbaum-Persönlichkeiten 25. Juni – 4. Juli

Die wahre Liebe verausgabt sich nicht. Je mehr du gibst, um so mehr verbleibt dir. Und wenn du dich anschickst, aus dem wahren Brunnen zu schöpfen, spendet er um so mehr, je mehr du schöpfst. Ich bin nur dem verbunden, den ich beschenke. Ich verstehe nur, wem ich mich liebend nahe. Ich existiere nur, soweit mich die Quellen meiner Wurzeln tränken.

Antoine de Saint-Exupéry (französischer Schriftsteller)

Helen Keller (taubblinde Schriftstellerin und Anwältin)
Peter Alexander (österreichischer Showmaster und Entertainer)

JULI

1 Apfelbaum
2
3
4

Die Tanne

5
6
7
8
9
10
11
12
13
14

Die Ulme

15
16
17
18
19
20
21
22
23
24
25

Die Zypresse

26
27
28
29
30
31

Berühmte Tanne-Persönlichkeiten

5. – 14. Juli

A hero is somebody who voluntarily walks into the unknown.
(Ein Held ist, wer sich freiwillig ins Unbekannte begibt.)

Tom Hanks (amerikanischer Schauspieler)

Malala Yousafzai (pakistanische Menschenrechtsaktivistin)
Dalai Lama (Höchste Autorität im tibetischen Buddhismus)
Ringo Star (Schlagzeuger der Beatles)

Berühmte Ulme-Persönlichkeiten

15. – 25. Juli

Dich selbst klein zu halten, dient nicht der Welt. Was im Leben zählt, ist nicht dass wir gelebt haben. Sondern, wie wir das Leben von anderen verändert haben.

Nelson Mandela (Friedensnobelpreisträger)

Daniel Radcliffe (Harry Potter-Darsteller)
Robin Williams (amerikanischer Schauspieler)
Angela Merkel (deutsche Bundeskanzlerin)

Berühmte Zypresse-Persönlichkeiten

26. Juli – 4. August

Wer zugleich seinen Schatten und sein Licht wahrnimmt, sieht sich von zwei Seiten, und damit kommt er in die Mitte.

Carl Gustav Jung (Schweizer Psychologe)

Barack Obama (44. Präsident der USA)
Joanne K. Rowling (Harry Potter-Autorin)
Yves Saint Laurent (französicher Modedesigner)

AUGUST

1 Zypresse
2
3
4

Die Pappel

5
6
7
8
9
10
11
12
13

Die Zeder

14
15
16
17
18
19
20
21
22
23

Die Kiefer

24
25
26
27
28
29
30
31

Berühmte Pappel-Persönlichkeiten

5. – 13. August

Es wird immer gesagt, dass die Zeit die Dinge verändert, aber man muss sie eigentlich selbst ändern.

Andy Warhol (amerikanischer Künstler)

Helene Fischer (deutsche Sängerin)
Whitney Houston (amerikanische Sängerin)

Berühmte Zeder-Persönlichkeiten

14. – 23. August

Du bist wie ich, nur so schön anders.
Du stehst auf mit jemand neuen Tag, weil du weiß, dass die Stimme in der sagt, da ist jemand. der dein Herz versteht und der mit dir bis an Ende geht.

Adel Tawil (deutscher Musiker)

Madonna (amerikanische Sängerin und Schauspielerin)
Kaiser Franz Joseph I. von Österreich-Ungarn

Berühmte Kiefer-Persönlichkeiten

24. August – 2. September

In crisis, in a crossroads, the best of who we are can come out.
(In einer Krise, an einer Wegscheide erweist sich das beste von uns.)

Keanu Reeves (kanadischer Schauspieler)

Mutter Teresa von Kalkutta (Missionarin)
Johann Wolfgang von Goethe (deutscher Dichter)
Michael Jackson (Sänger)

SEPTEMBER

1
2
3
4
5
6
7
8
9
10
11
12
13
14
15
16
17
18
19
20
21
22
23 **Olivenbaum**
24
25
26
27
28
29
30

Berühmte Weide-Persönlichkeiten 3. – 12. September

Embrace the freak that you are.
My definition of stupid is wasting your opportunity to b e yourself, because I think everybody has a uniquness and everybody´s good at something.

P!nk (Sängerin)

Avicii (schwedischer DJ)
Freddie Mercury (Leadsänger von Queen)

Berühmte Linde-Persönlichkeiten 13. – 22.September

The only reason I am successful is because I have stayed true to myself. (Der einzige Grund warum ich erfolgreich bin, ist dass ich mir selbst treu geblieben bin.)

Lindsey Stirling (amerikanische Violinistin und Bühnenkünstlerin)

Ronaldo (brasilianischer Fußballspieler)
Michael Faraday (britischer Physiker und Chemiker)
Sophia Loren (italienische Schauspielerin)

Berühmte Olivenbaum-Persönlichkeit
23. September (Herbst-Tagundnachtgleiche)

Es kommt der Tag, an dem du aufhörst, darauf zu warten, der Mann zu werden, der du immer sein wolltest und endlich beginnst, dieser Mann zu sein. **Bruce Springsteen** (Rockmusiker)

Ray Charles (Soulmusiker)
Romy Schneider (Schauspielerin)
Robert Betz (Buchautor)

Berühmte Haselbaum-Persönlichkeiten 24. Sept.– 3. Okt.

Deine Aufgabe ist nicht, nach Liebe zu suchen. Sondern nach den Barrieren, die du selbst gegen sie gebaut hast.

Sei geduldig wenn du im Dunklen sitzt. Der Sonnenaufgang kommt. **Rumi** (persischer Dichter)

Iwan Pawlow (russischer Mediziner)
Avril Lavigne (kanadische Pop-Sängerin)
Mahatma Gandhi (indischer Pazifist)

OKTOBER

1 Haselbaum
2
3

Die Eberesche

4
5
6
7
8
9
10
11
12
13

Der Ahorn

14
15
16
17
18
19
20
21
22
23

Der Walnussbaum

24
25
26
27
28
29
30
31

Berühmte Eberesche-Persönlichkeiten

4. – 13. Oktober

Du vergibst für dich, weil es dich befreit. Es ermöglicht dir, dem Gefängnis zu entkommen, in dem du dich befindest.

Louise Hay (spirituelle Lehrerin)

Matt Damon (Schauspieler)
John Lennon (Sänger der Beatles)

Berühmte Ahorn-Persönlichkeiten

14. – 23. Oktober

Nichts was wir benutzen, hören oder berühren kann man in Worten so gut ausdrücken wie die Sinne es wahrnehmen.

Hannah Arendt (deutsch-amerikanische Philosophin und Publizistin)

Zac Efron (»High School Musical« Darsteller)
Stefan Raab (deutscher Entertainer)

Berühmte Walnussbaum-Persönlichkeiten

24. Oktober – 2. November

Mit feurigem Wind, statt Furcht im Rücken, lass die Angst vorm Scheitern, nicht deine Chancen zerpflücken... denn soweit ich weiß, sind die mit den guten Geschichten, immer die Mutigen.

Stefanie Kloß (deutsche Sängerin, Frontfrau von »Silbermond«)

Bill Gates (Gründer von Microsoft)
Pablo Picasso (spanischer Maler)

NOVEMBER

1 **Walnussbaum**

2

Die Eibe

3

4

5

6

7

8

9

10

11

Die Kastanie

12

13

14

15

16

17

18

19

20

21

Die Esche

22

23

24

25

26

27

28

29

30

Berühmte Eibe-Persönlichkeiten

3. – 11. November

Only you and you alone can change your situation. Don´t blame it on anything or anyone.
(Nur du, du allein, kannst deine Lage ändern. Gib niemandem und nichts die Schuld.)

People will always judge you because they feel dissatisfied with their own life.
(Die Leute werden dich immer verurteilen, weil sie mit ihrem eigenen Leben unzufrieden sind.)

Leonardo DiCaprio (Schauspieler)

Penny McLean (österreichische Sängerin und Autorin)
Sonja Kirchberger (österreichische Schauspielerin)
Bryan Adams (kanadischer Rock-Sänger und Komponist)

Berühmte Kastanie-Persönlichkeiten

12. – 21. November

Die ganze Welt ist eine große Geschichte, und wir spielen darin mit. Wenn die Menschen wüssten, was der Tod ist, dann hätten sie keine Angst mehr vor ihm.

Michael Ende (deutscher Schriftsteller)

Britta Steffen (deutsche Schwimmerin und Weltmeisterin)
Voltaire (französischer Philosoph)
Andreas Gabalier (österreichischer Volks-Rock-Musiker)

Berühmte Esche-Persönlichkeiten

22. November – 1. Dezember

Man kann dir den Weg weisen, gehen musst du ihn selbst.

Bruce Lee (Schauspieler, Kampfkunstlehrer)

Tina Turner (Sängerin)
Maurice McDonald (Fast-Food Pionier)

DEZEMBER

Die Hainbuche

1 **Esche**
2
3
4
5
6
7
8
9
10
11

Der Feigenbaum

12
13
14
15
16
17
18
19
20
21
22 **Buche**

Der Apfelbaum

23
24
25
26
27
28
29
30
31

Berühmte Hainbuche-Persönlichkeiten 2. – 11. Dezember

Jeder Mensch kommt mit einem speziellen Schicksal auf diese Welt. Er hat etwas zu vollbringen, eine Nachricht zu vermitteln, eine Arbeit fertigzustellen.

Osho (indischer Philosoph)

Angelina Jolie Pitt (Schauspierlerin)

Berühmte Feigenbaum-Persönlichkeiten 12. – 21. Dezember

Die Kunst muss wieder Brücke sein, zwischen der Schöpfung, der Natur und der Kreativität des Menschen.
Wenn wir unsere Vergangenheit nicht ehren, verlieren wir unsere Zukunft. Wenn wir unsere Wurzeln vernichten, können wir nicht wachsen. **Friedensreich Hundertwasser** (österreichischer Künstler)

Steven Spielberg (Filmregisseur)
Brad Pitt (Filmschauspieler)

Berühmte Buche Persönlichkeiten
22. Dezember (Wintersonnenwende)

Ich bin mir sicher, dass Schauspielerei zutiefst neurotisch ist.
Was ich erfassen möchte, ist die Gesamtheit einer Person. Es geht um die Menschlichkeit in ihnen und den Schrecken, der von ihnen ausgeht. **Ralph Fiennes** (Schauspieler, »Lord Voldemort«)

Britta Heidemann (deutsche Fechtweltmeisterin)
Gustaf Gründgens (deutscher Schauspieler)
Maurice Gibb (Sänger der Bee Gees)

Berühmte Apfelbaum-Persönlichkeiten 23. Dez.– 1. Januar

Denn alles an mir, liebt alles an dir, liebt deine Kurven und all deine Kanten, und mit all deinen vollkommenen Unvollkommenheiten bist du zugleich mein Ende und mein Anfang, selbst im Verlieren, gewinne ich, denn ich gebe mich dir und du gibst dich mir vollkommen hin. **John Legend** (R&B Musiker)

Kaiserin Elisabeth von Österreich-Ungarn (»Sissi«)
Denzel Washington (amerikanischer Schauspieler)

Danke

Danke an meinen Sohn Alexander, der mich die drei wesentlichsten Dinge in meinem Leben lehrte:

- Mut zu haben, mich meinen Ängsten zu stellen,
- Dankbarkeit für und Freude an den kleinen, oft unscheinbaren Geschenken des Lebens
- und bedingungslose Liebe.

Danke von ganzem Herzen meiner Familie, meinen Freunden und all jenen Menschen und Wesen, welche mich in den unterschiedlichsten Abschnitten meines Lebens begleiteten und den Glauben an meine Träume und Visionen stärkten. Zugleich ermutigten und erinnerten sie mich an meinen Weg, wenn ich ihn im Lärm und Trubel des Alltags aus den Augen verloren hatte.

Mein besonderer Dank gilt auch dem Neue Erde Verlag und seinem Team, wo ich mich von Anfang an gut aufgehoben fühlte, für Lektorat, Layout und Druck. Durch ihn öffnete sich eine neue Tür, um die Weisheit der Bäume in die Welt hinauszutragen und die tiefe Naturverbundenheit für mehr Menschen wieder fühl- und erlebbar zu machen.

Und nicht zuletzt gilt meine Dankbarkeit unseren Vorfahren, dem keltischen Volk und ihren Druiden. Sie lebten im Einklang mit Mutter Erde und schöpften daraus ihre Kraft und ihr Vertrauen ins Leben. Und selbst, wenn vieles davon wieder in Vergessenheit geriet, so lebt ein Teil ihrer Weisheiten, welche sie bedacht von Generation zu Generation mündlich weitergaben, in vielen alten Brauchtümern weiter fort. Werden wir uns ihrer wieder bewusst und pflegen diese in unserem alltäglichen Leben, weisen sie uns den Weg zurück in unser ursprüngliches Gleichgewicht in Verbundenheit mit der Natur.

Quellenhinweise und Buchtips

Diese Bücher waren geduldige Lehrer, und die darin verpackten Botschaften haben mich auf meinem Weg begleitet, inspiriert und bereichert.

Anam-Áire, Phyllida: Keltisches Totenbuch. Wachen mit den Sterbenden. Die Toten auf ihrem Weg begleiten, Ennsthaler, Steyr 2006

Chamovitz, Daniel: Was Pflanzen wissen, Carl Hanser, München 2013

Ferrini, Paul: Denn Christus lebt in jedem von euch, Aurum im J. Kamphausen Verlag 1994

Findling, Dietmar: Der keltische Baumkreis. Inspiration und Heilung durch die Baumkraft-Methode, Hugendubel, Kreuzlingen/München 2007

Gibran, Khalil: Der Prophet, Deutscher Taschenbuch Verlag, München 2006

Hageneder, Fred: Der Geist der Bäume. Eine ganzheitliche Sicht ihres unerkannten Wesens, Neue Erde, 1999

Kenyon, Tom und Kennedy, Wendy: Lebe in deinem eigenen Licht, KOHA, Burgrain 2014

Kruta, Venceslas: Die Kelten, Aufstieg und Niederlage einer Kultur

Lindau, Veit: Heirate dich selbst, Wie radikale Selbstliebe unser Leben revolutioniert, Kailash, München 2013

Lohmann, Hartmut: Lebensenergie im Gleichgewicht, Die Versöhnung mit der Urangst; KOHA, Burgrain 2014

Ludwig, Carla: Das Horoskop der Kelten. Was Bäume über uns verraten, Mosaik bei Goldmann, München 2007

Mattera, Tiziana: Das Baumgeister Orakel, Aquamarin, Grafing 2009

O'Donohue, John und Cara, Anam: Das Buch der keltischen Weisheit, dtv, München 2012

Ranke-Graves, Robert von: Die weiße Göttin, Rowohlt Taschenbuch, Hamburg 1985
Singh, Satya und Hageneder, Fred: Baum-Yoga, Neue Erde, 2006
Sonnenberg, Petra: Die Spirituellen Kräfte der Bäume, Iris/Neue Erde, 2008
Vescoli, Michael: Der Keltische Baumkalender. Über den Menschen, die Zeit und die Bäume, Kailash in der Verlagsgruppe Random House, 1995
Wahrsagekunst, Verlag Karl Müller, Köln 2003

www.wunschbaum.de
www.baumpruefung.de
www.nat-ur-kraft.co.at
www.wikipedia.org
www.heilkraeuter.de
www.nur-zitate.com
www.zitate.de
www.aphorismen.de
www.gutezitate.com

AUSSERDEM BEI NEUE ERDE

Kein anderes Buch behandelt Bäume in so umfassender Weise: Es enthält eine kompakte Übersicht über Biologie und Ökologie der Bäume und viele wenig bekannte Tatsachen über die Bedeutung der Wälder für den Planeten; in einem zweiten großen Teil geht es um die tiefe kulturelle Verbindung des Menschen mit den Bäumen von der Steinzeit bis heute, und im dritten Teil werden die wichtigsten heimischen Bäume in ausführlichen Porträts vorgestellt.

Fred Hageneder
Der Geist der Bäume
Eine ganzheitliche Sicht ihres unerkannten Wesens
Hardcover, 416 Seiten, mit Lesebändchen
ISBN 978-3-89060-632-3

Es gibt zwei Arten von Engeln: solche mit Flügeln und solche mit Blättern. Der jahrtausendealte Weg, Rat zu finden oder der Natur Danke zu sagen, führt in den heiligen Hain. Das Baum-Engel-Orakel lädt zu inspirierenden Meditationen ein und lässt die Bäume zu uns sprechen.

Fred Hageneder, Anne Heng
Das Baum-Engel-Orakel
Paperback, 160 Seiten, 36 farbige Karten
ISBN 978-3-89060-764-1

Dieses Buch erklärt die planetarischen Lebenserhaltungssysteme – zu denen auch die Wälder gehören – in ihrer Ganzheit, bietet eine umfassende Gesamtdarstellung der globalen ökologischen Krise und zeigt die uns verbleibenden Optionen auf, um uns selbst und die Ökosphäre dieses Planeten zu heilen.

Fred Hageneder
Nur die eine Erde
Globaler Zusammenbruch oder globale Heilung – unsere Wahl
Klappenbroschur, 376 Seiten
ISBN 978-3-89060-796-2

Fred Hageneder
The Spirit of Trees
CD, 66 Minuten, 8-seitiges Beiheft
EAN 5016700132021

Fred Hageneder
The Silence of Trees
CD, 72 Minuten, 8-seitiges Beiheft
EAN 5016700132120

Musik für die Bäume: Harfe solo und mit Flöte, Geige, Saxophon oder in Arrangements mit Streichquartett oder Perkussion.

Hörproben unter
www.earthheartmusic.com

NEUE ERDE im Buchhandel

Neue Erde ist ein kleiner unabhängiger Verlag, und der unabhängige Buchhandel ist unser natürlicher Partner. Wir unterstützen die Initiative »buy local«.

Sollte es Lieferschwierigkeiten bei den Büchern von NEUE ERDE geben, lassen Sie immer im VLB (Verzeichnis lieferbarer Bücher) nachsehen, im Internet unter **www.buchhandel.de**

Alle lieferbaren Titel des Verlags sind für den Buchhandel verfügbar.

Sie finden unsere Bücher auch auf unserer Homepage **www.neue-erde.de** oder in unserem Gesamtverzeichnis, welches Sie gerne hier anfordern können:

NEUE ERDE GmbH
Cecilienstr. 29 · 66111 Saarbrücken
info@neue-erde.de